펭귄도 모르는 남극 이야기

펭귄도 모르는 남극 이야기

ⓒ 박지환, 허현경 2010

초판 1쇄 발행 2010년 12월 23일 | **초판 23쇄 발행** 2025년 4월 10일
지은이 박지환 | **그린이** 허현경 | **감수** 강성호

펴낸이 유강문 | **편집** 한겨레아이들 | **디자인** 나비
마케팅 김한성 조재성 박신영 김애린 오민정
펴낸곳 (주)한겨레엔 | **주소** 서울시 마포구 창전로 70 (신수동) 화수목빌딩 5층
전화 02-6383-1602~3 | **팩스** 02-6383-1610 | **출판등록** 2006년 1월 4일 제313-2006-00003호
홈페이지 www.hanibook.co.kr | **이메일** book@hanien.co.kr

ISBN 979-11-6040-511-8 73450

- 이 책의 사진 자료는 극지연구소와 정호성 박사에게 도움을 받았습니다.
- 값은 뒤표지에 있습니다.
- 이 책의 일부 또는 전부를 재사용하려면 반드시 저작권자와 (주)한겨레엔 양측의 동의를 얻어야 합니다.
- KC마크는 이 제품이 공통안전기준에 적합하였음을 의미합니다.
- ⚠ 책 모서리에 다치지 않게 주의하세요.

펭귄도 모르는 남극 이야기

박지환 글 · 허현경 그림

한겨레아이들

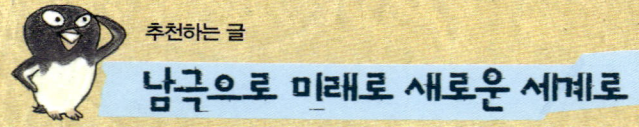

추천하는 글
남극으로 미래로 새로운 세계로

우리나라는 1986년 11월 28일 세계에서 33번째로 남극조약에 가입했어요. 그리고 1988년에 세종과학기지를 준공하고, 1989년 10월 세계에서 23번째로 남극조약 운영의 실질적 권한과 배타적 심의 결정권을 갖는 남극조약협의당사국(ATCP) 지위를 획득했어요. 남극 연구와 자원 문제 등에 대한 국제적 발언권을 얻게 된 것이지요. 우리나라는 이뿐만 아니라 경제협력개발기구(OECD) 회원국이자 국제연합(UN) 사무총장을 배출한 나라로서 국제적 위상을 높여 가고 있습니다.

그런 만큼 전 지구적으로 지속 가능한 환경을 보존하기 위한 우리의 역할도 커졌지요. 지난 2009년 4월 세종기지 부근의 펭귄 서식지(펭귄 마을)가 남극특별보호구역으로 지정되면서, 우리나라는 본격적으로 남극 생태계 보호 활동을 시작했어요. 또한 2009년 11월에는 7,500톤급 쇄빙 연구선 아라온호를 만들어 바다에 띄우는 데 성공했지요. 아라온호는 얼음으로 뒤덮인 극지 바다를 연구하고 물자를 보급하는 데 훌륭한 역할을 해낼 것입니다. 나아가 2014년에는 남극 대륙에 세종과학기지에 이어 장보고과학기지를 건설해서 운영하고 있습니다. 바야흐로 남극 연구를 더욱 깊이 있게 해 나

가고, 세계 여러 나라와 남극 환경보호 활동을 펼쳐 갈 기반을 마련한 것입니다.

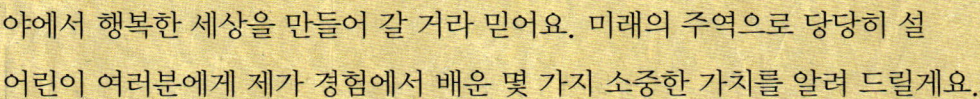

 이를 바탕으로, 앞으로는 어린이 여러분이 우리나라와 세계를 짊어지고 나아가야 합니다. 나는 여러분이 저마다 다양한 분야에서 행복한 세상을 만들어 갈 거라 믿어요. 미래의 주역으로 당당히 설 어린이 여러분에게 제가 경험에서 배운 몇 가지 소중한 가치를 알려 드릴게요.

 세종과학기지가 위치한 킹조지 섬은 1년 내내 섬의 90퍼센트 이상이 눈과 얼음으로 뒤덮여 있어서 기후와 생활 환경이 아주 열악해요. 그러다 보니 아주 사소한 일을 하나 처리하려고 해도 여러 분야 전문가가 온 힘을 합쳐야 해요. 말하자면 세종기지는 작은 사회 공동체예요. 자기가 맡은 분야를 제대로 꿰고 있어야 할 뿐만 아니라 아니라 다른 분야에 대한 상식과 포용력을 지니고 있어야 합니다. 그래서 세종기지 대원들은 사람과 사람 사이의 소통을 아주 소중하게 여기지요.

 또 하나, 남극은 여전히 미지의 땅이에요. 그래서 세종기지 대원들은 남극에 대한 새로운 지식을 얻는 데 몸을 사리지 않는답니다. 예를 들어 꽁꽁 얼어붙은 얼음 바다를 건너기 위해서는 얼음의 두께를 알아야 해요. 하지만 아무리 얼음을 쳐다봐도 눈짐작으로는 도저히 두께를 알 수 없어요. 얼음의 두께를 알려면 얼음 위에 올라서서 얼음을 깨고 두께를 측정하는 수밖에 없지요. 대원들은 얼음이 깨져서 바다에 빠질 각오를 하고 도전한답니다. 저는 그게 값진 경험이라 생각해요. 남극 대원들은 늘 이렇게 위험을 무릅쓰고 남극에 대한 새로운 지식을 쌓아 간답니다.

저는 어린이 여러분도 이 두 가지 태도를 꼭 지녔으면 합니다. 자신의 생각을 또렷하게 말하면서도 다른 사람들 말에 귀 기울여 보세요. 어느 순간 더불어 사는 삶이 얼마나 행복한지 깨닫게 될 거예요. 또 무슨 일이건 직접 몸으로 부딪쳐 보고 경험해서 지식을 넓혀 가세요. 중간에 실패하더라도, 그 길을 걸어간 만큼 값진 경험을 쌓게 되지요. 그런 살아 있는 경험을 통해 자기 꿈과 능력을 꽃피울 수 있답니다.

이런 의미에서 이 책은 어린이 여러분이 꼭 한번 읽어 볼 가치가 있습니다. 글쓴이 박지환 아저씨는 기자예요. 아저씨는 세종기지를 직접 방문해서 대원들과 지내며 기자 특유의 날카로운 눈으로 남극 곳곳을 들여다보았어요.

아저씨는 무엇보다 남극의 자연 환경과 생명체들이 살아가는 모습을 꼼꼼히 소개하고 있어요. 짐짓 멋 부리거나 과장하지 않고, 그저 아저씨가 겪은 만큼의 사실만 재미나게 들려주지요. 나아가 아저씨는 남극이 지구의 기후 환경을 조절하는 열쇠이자, 환경 변화를 가늠하는 기준점이라는 사실을 꿰뚫어 보았어요. 남극 연구가 얼마나 중요한지를 생생하고도 설득력 있게 보여 준 거지요.

또 박지환 아저씨는 세종기지 대원들이 하루하루 지내는 모습을 낱낱이 보여 주고 있어요. 세종기지 대원들은 아주 열악하고 힘난한 남극에서 살아가지요.

 그래서 세종기지 대원들은 1년을 남극에서 지내고 나면 반드시 우리나라로 돌아와서 휴식을 취해요. 추운 날씨와 불편한 잠자리, 그리고 지독한 외로움에 오랫동안 시달리다 보면 몸과 마음이 모두 무너질 수 있거든요. 세종기지 대원들은 왜 스스로 이처럼 힘겨운 선택을 했을까요? 지구 환경을 보호하고 모든 생명이 오래토록 더불어 살아가는 세상을 꿈꾸기 때문이죠.
 박지환 아저씨는 대원들 모습을 거창하게 드러내 놓지 않았어요. 소소한 일상에서 만나는 사람들처럼 스치듯 슬쩍 보여 주지요. 하지만 자세히 읽어 보면 아저씨가 얼마나 따스한 눈길로 대원들을 바라보며 박수를 보내고 있는지 금세 눈치 챌 거예요.
 이처럼 이 책에는 남극과 세종기지에 대한 다양한 지식뿐만 아니라, 새로운 세계를 향해 도전하는 사람들 모습도 담겨 있답니다. 어린이 여러분이 그 모든 알갱이를 찾아낼 수 있기를 바랍니다.

강성호(극지연구소 책임연구원, 대한민국 23차 남극 세종과학기지 월동연구대 대장)

차례

추천하는 글 **남극으로 미래로 새로운 세계로** 4

남극으로 떠나요 10

1부 세종과학기지와 남극 16

세종기지가 보인다!
남극 연구의 베이스캠프 세종과학기지
남극 들여다보기
세종기지 앞바다는 유빙들의 휴식처
빙하로 싹싹 갈아 만든 팥빙수
가로등이 없어도 환한 세종기지의 밤
끝없이 펼쳐진 거대한 얼음 산맥
눈과 얼음의 나라에 마실 물이 부족하다고?
남극 하늘을 장식하는 오로라
지구의 역사를 품은 화석
남극에도 봄 여름 가을 겨울이 있다
남극일보 남극을 찾은 위대한 탐험가들

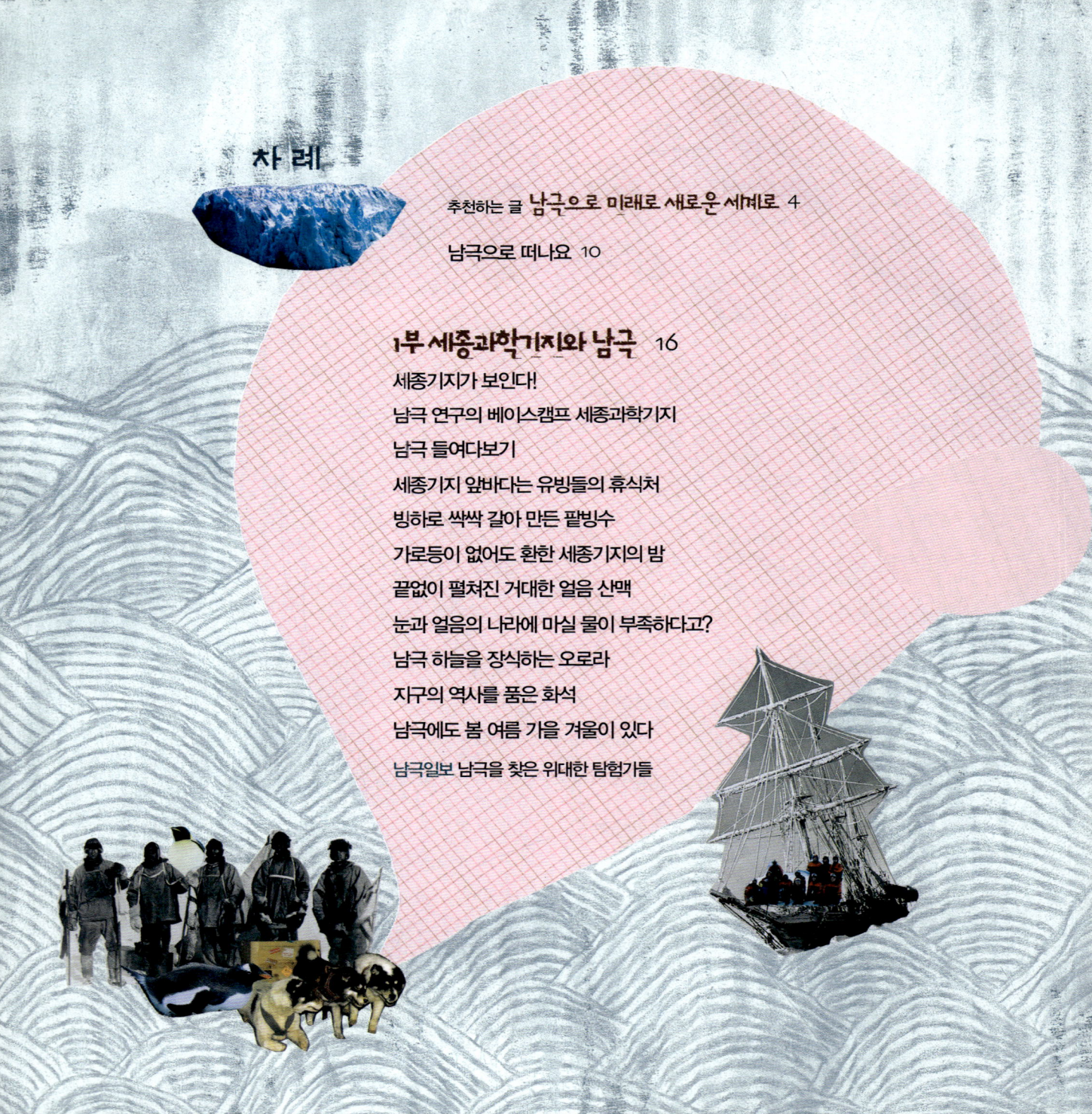

2부 남극에는 누가 살까 66
남극의 신사 펭귄
무법자 남극도둑갈매기
잠꾸러기 물범
지구에서 가장 큰 동물, 대왕고래
놀라운 생존력을 지닌 남극대구
생태계의 바탕, 플랑크톤
남극에도 풀이 자란다
남극의 숨은 주인공, 미생물
남극일보 남극을 지키는 사람들

3부 지구를 살리는 남극 104
지구의 옛 모습을 찾아서
지구의 기후를 조절하는 남극
빙하의 눈물
지하자원의 보물창고
남극일보 남극을 둘러싼 소리 없는 전쟁

작가의 말 남극을 부탁해 130

아저씨는 과학 소식을 취재하는 기자야. 아저씨는 꼭 한번 남극에 가 보고 싶었는데, 오랜 수소문 끝에 마침내 그 기회가 찾아왔어.

좋아, 가는 거야! 절차가 좀 복잡하고 준비할 것도 많지만 문제없어.

멀고 멀고 멀고 먼 나라, 남극으로 출발~

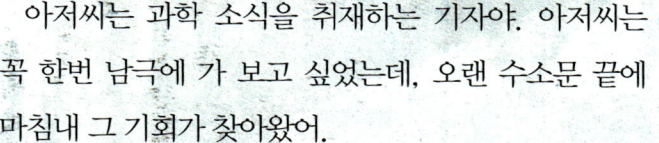

서울 → 남극 세종과학기지

칠레 수도 산티아고에 도착한 우리는 이틀간 머무르면서 남극으로 들어갈 준비를 했어.

먼저 한국대사관을 통해서 푼타아레나스에서 세종기지까지 우리를 태워 줄 공군기를 예약했어. 또 한국에서 보낸 보급품을 실어 나를 화물선도 빌렸지.

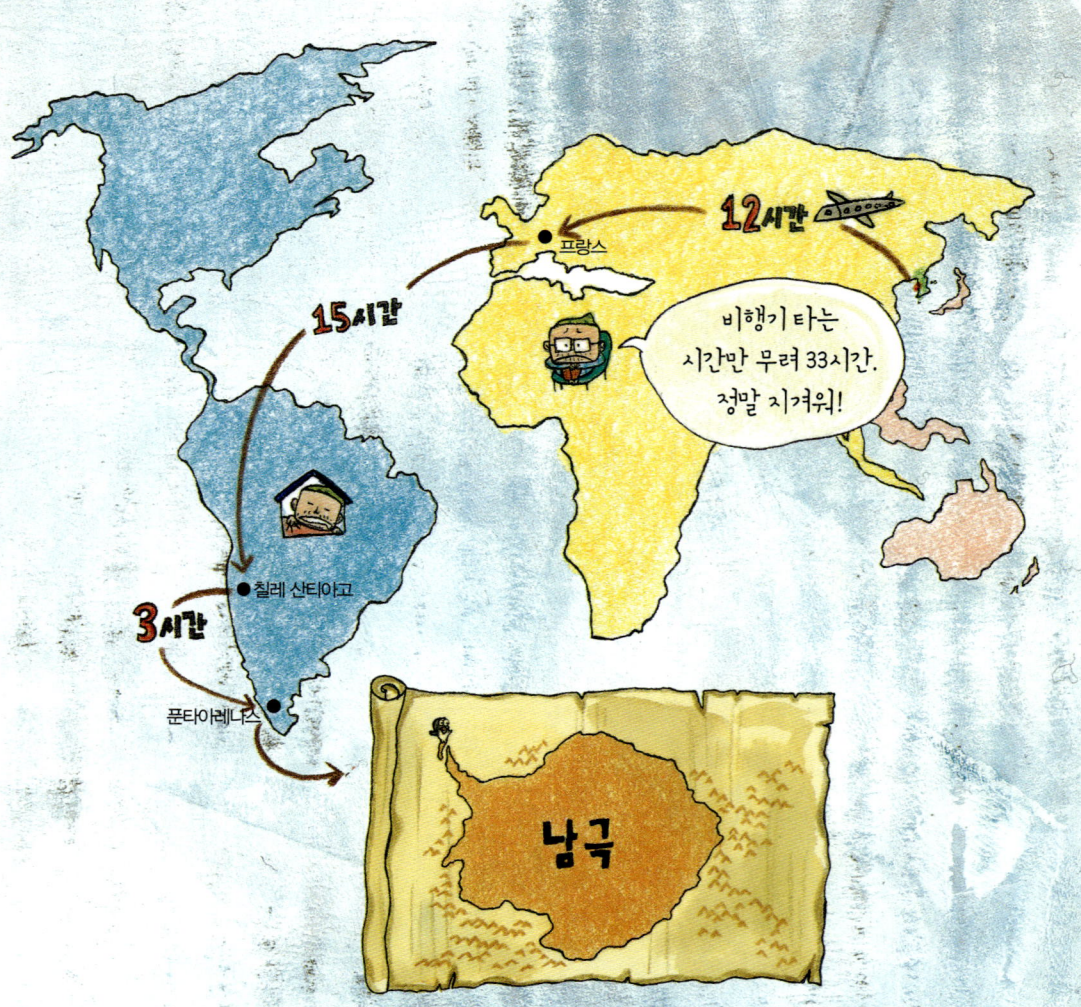

산티아고에서 다시 비행기로 3시간, 우리는 남아메리카의 가장 남쪽에 자리 잡은 항구 도시 푼타아레나스에 도착했어. 우리는 여기에서 고기와 야채 같은 식료품을 구입했어. 한국에서 음식 재료를 보내면 기온이 높은 적도를 지나기 때문에 상해 버리거든.

우리는 칠레 공군 기지에서 공군기를 탔어. 공군기라서 그런지 프로펠러 돌아가는 소리가 엄청났어. 게다가 비행기가 고도를 높이자 이제는 추위가 몰려왔어. 귀를 감싸고 얼마나 웅크리고 있었을까. 창문 밖으로 멀리 바다 너머 눈 덮인 땅과 빙하가 보이기 시작했어. 남극이었어!

세종기지가 보인다!

바닷가에 도착하니 우리를 세종기지로 실어다 줄 고무보트 두 척이 기다리고 있었어. 아저씨는 보트를 보고 조금 실망했어. 안전하고 튼튼하게 생긴 커다란 보트를 기대했거든. 보트는 길이 7미터, 폭 2.5미터 정도로 생각보다 작았어.

순간, 몇 년 전 세종기지에서 근무하던 전재규 대원이 실종된 동료를 구조하러 가다 큰 파도에 보트가 전복되어 목숨을 잃었다는 이야기가 떠올랐어. 세종기지에 여러 번 왔던 과학자 한 분이 걱정이 가득 담긴 내 얼굴을 보더니, 보트가 생긴 것과 달리 안전하니 걱정하지 말라고 위로해 줬어.

아저씨는 보트에 타기 전에 우주복처럼 생긴 옷을 입었어. 만에 하나 사고가 났을 때를 대비해서 반드시 입어야 한대. 구명복은 윗도리와 아랫도리가 하나로 붙어 있었는데 입기가 쉽지 않았어. 바닷물이 옷 안으로 스며드는 것을 막으려고 방수 처리를 해서 두껍고 뻣뻣했거든. 옷 색깔은 주황색이었는데, 검푸른 바닷물과 대비가 돼서 눈에 잘 띄기 때문이래.

우리는 가져온 짐을 고무보트 두 대에 나눠 싣고 세종기지로 출발했어. 보트가 바다 위를 달리자 거센 파도 때문에 무척이나 흔들렸어. 그날따라 날씨가 나빠 높은 파도가 일었거든. 보트가 파도와 부딪칠 때마다 '쿵' 하는 소리가 났어. 그 충격 때문에 허리가 아플 정도였지. 가끔씩은 큰 파도가 뱃머리에 부딪치면서 바닷물이 안으로 넘쳐 들기도 했어. 다행히 구명복 덕분에 몸까지 젖지는 않았어. 그러거나 말거나 보트는 빠른 속도로 바다 위를 내달렸어. 칼 같은 바람이 얼굴을 때렸지. 바람이 어찌나 센지 계속해서 눈물이 났어.

좀 창피하지만, 아저씨는 왈칵 겁이 났어. 놀이동산의 바이킹을 탈 때처럼 무서웠어. 실은 내가 바이킹 타는 걸 무척이나 싫어하거든. 다른 아저씨들도 비슷한 눈치였어. 배를 운전하는 대원이 분위기를 눈치챘는지, 이 정도 파도는 그다지 위험하지 않으니 걱정하지 말라고 안심시켰어.

출발한 지 한 10분 정도 지났을까. 멀리 흐릿하게 보이던 물체가 서서히 눈앞으로 다가왔어. 세상에! 5층 건물 높이 정도 되는 유빙이었어. 푸른 옥빛을 띤 거대한 유빙은 정말 멋졌어. 유빙을 보는 순간 모든 걱정과 두려움이 순식간에 사라졌어. 아저씨는 비로소 고개를 들어 남극 바다를 둘러보았어. 파도에 따라 움직이는 크고 작은 유빙들이 눈에 들어왔어. 햇빛을 받아 하얗게 파랗게 반짝이는 모습이 정말 신기했어. 유빙에 좀 더 가까이 가서 구경하고 싶은 생각이 굴뚝같았지. '아, 내가 정말 남극에 왔구나!' 하고 실감했어.

고무보트가 거센 파도를 헤치며 30분 정도 더 달리자 멀리 세종기지가 보이기 시작했어. 바다에서 바라본 세종기지는 건물 하나를 빼고는 모두 주황색이었어. 멀리서도 잘 보이게 하기 위해서래. 보트는 세종기지 앞 부두에 정박했어. 부두는 길이가 20미터, 폭이 5미터 정도로 작은 편이었어. 그래도 킹조지 섬에 있는 연구 기지 가운데 제법 잘 만들어진 부두래. 아저씨하고 같이 온 건설회사 사람들 말로는 길이와 폭을 좀 더 넓히면 킹조지 섬에서 가장 튼튼하고 멋진 부두가 될 거라고 했어.

부두에서는 세종기지에서 한 해를 보낸 월동 대원들이 반가운 얼굴로 기다리고 있었어. 월동 대원들은 우리 일행을 보고 먼 길 오느라 고생했다며 반갑게 맞아 줬단다.

> 여어~ 새내기가 왔구먼. 반가워.

> 아... 안녕. 잘 부탁해. 근데 누구?

우리는 월동 대원의 안내를 받아 세종기지 생활동에 있는 식당으로 갔어. 식당에는 따뜻한 밥과 김이 모락모락 나는 생선 매운탕, 그리고 김치가 준비돼 있었어. 한국에서는 별 생각 없이 먹던 밥인데, 이곳에서 보니 정말 반가웠어. 한국을 떠나 세종기지까지 오면서 식사를 제대로 하지 못했거든. 아저씨는 커다란 접시에 밥과 반찬을 담아서 맛있게 먹었어. 어찌나 맛있던지 두 그릇이나 뚝딱 해치웠어. 덕분에 배가 올챙이처럼 뿔룩하게 튀어나왔지 뭐야.
　식사를 한 뒤에는 아저씨가 머물 숙소를 안내받았어. 세종기지를 처음 세울 때 지은 건물이래. 그리고 세종기지에서 머무르면서 지켜야 할 규칙을 교육받았어. 남극의 자연 환경을 해치지 말고, 안전에 각별히 주의하라는 내용이었지.

남극 연구의 베이스캠프 세종과학기지

　세종과학기지는 남극 반도에서 좀 떨어진 남셰틀랜드 군도의 킹조지 섬에 1988년에 세워졌어. 남위 62도 13분, 서경 58도 47분에 자리 잡고 있지.
　우리나라가 남극에서 처음 활동을 시작한 것은 1978년부터래. 남극 바다에 사는 크릴을 식품으로 쓸 수 있을까 해서 어업 활동에 나섰던 거지. 하지만 크릴에는 불소 성분이 많아 먹을 수 없었어. 그래서 그 뒤로 한동안 우리나라는 남극에서 활동을 하지 않았어.(최근에는 가공 기술이 발달해서 다시 크릴이 미래의 식량 자원으로 떠오르고 있지.)

　그러다가 1985년 11월부터 12월까지 한국해양소년단연맹이 남극 관측 탐험을 했어. 또 1986년 11월 28일 세계에서 33번째로 남극조약에 가입했지. 나아가 1988년 2월 17일 킹조지 섬에 세종기지를 세웠어.

그 뒤로 극지연구소는 세종기지를 조금씩 넓혀 갔어. 아저씨가 세종기지 건물을 세어 보니 무려 스무 채나 됐어. 킹조지 섬에서는 공군 기지를 함께 운영하는 칠레 프레이 기지를 빼고는 가장 큰 규모래.

세종기지에서 가장 최근에 지어진 건물은 생활동이야. 생활동은 1년간 세종기지 대원들이 먹고 자고 생활하는 가장 기본적인 활동이 이뤄지는 곳이야. 이곳 생활동에는 숙소와 식당 그리고 휴게실, 도서관, 병원, 통신실, 대장실, 부대장실 등이 있어.

생활동 앞 빈터에는 '세종기지'라고 적힌 푯돌과 세종기지에서 세계 주요 도시까지 거리가 적힌 표지판이 있어. 그 표지판에 따르면 세종기지에서 서울까지는 무려 17,240킬로미터나 떨어져 있대. 표지판 옆에는 옛날 시골 마을 입구에 서 있던 천하대장군과 지하대장군 장승과 솟대가 있어. 그 옆에는 세종기지 월동 대원으로 활동하다가 안타깝게 목숨을 잃은 전재규 대원의 동상이 있어. 또 빈터 한편에는 태극기와 다른 나라 국기들이 나란히 세워져 있어. 남극 연구를 위해 세종기지를 방문한 다른 나라 과학자들의 국기를 걸어 놓은 거래. 어찌나 바람이 센지 국기 끝은 하나같이 실밥이 나풀거렸어.

이제 발전동으로 가 볼까? 발전동에는 발전기 세 대와 비상용 발전기 한 대가 교대로 쉬지 않고 돌아가면서 세

생활동에 있는 대장실

발전동 내부 모습

종기지에서 사용되는 모든 전기를 만들어 내지. 사람으로 치면 심장과 같아. 심장이 쉼 없이 쿵쾅거리면서 온몸에 피를 보내 줘야 사람이 살 수 있는 것처럼, 세종기지의 발전기도 절대 멈춰서는 안 돼.

발전 설비가 고장 나면 세종기지 대원들이 살 수 없어. 발전기를 돌릴 때 생기는 에너지를 이용해서 기지의 모든 건물에 전기와 난방을 공급하거든. 발전동에는 따뜻하게 몸을 씻을 수 있는 목욕탕과 더러워진 옷을 빨 수 있는 세탁실도 있어.

발전동 옆에는 연료를 공급하는 커다란 연료통 여섯 개가 두 곳에 나뉘어 설치돼 있어. 연료통을 두 곳에 나눠 설치한 이유는, 혹시 한 곳에 문제가 생겨도 다른 쪽 연료를 이용하기 위해서지.

세종기지는 문명 세계와 아주 멀리 떨어져 있어서 연료 관리가 무척이나 중요해. 연료통은 높이 1미터 정도의 네모난 기름 유출 방지 턱에 둘러싸여 있어. 혹시 연료통에서 기름이 새더라도 바다로 흘러가지 못하게 하기 위해서야. 차가운 남극은 물과 대기의 순환이 무척이나 느려서 자연 환경이 한번 파괴되면 되살리는 데 무척 오랜 시간과 노력이 필요해. 그러니 사고가 일어나지 않게 철저하게 예방하는 거지.

발전동 바로 옆에는 보트동과 기계동이 있어. 보트동은 말 그대로 보트를 수리하고 보관해. 보트는 비행기를 타고 내리는 칠레 공군 기지까지 갈 수 있는 유일한 수단이야. 또 바다 연구 활동을 할 때도 없어서는 안 될 소중한 장비지. 그래서 대원들은 보트를 이용한 뒤에는 보트동 안에 들여놓고 꼼꼼하게 관리해. 보트동 바로 앞에는 보트가 정박할 수 있는 부두가 있어.(마침 아저씨가 세종기지에 머무르는 동안에 부두를 더 크게 만드는 작업이 진행되었어.)

기계동은 따뜻한 물을 만들어 내는 보일러와 다양한 기계장치들이 시끄러운 소리를 내며 돌아가고 있어. 기계동 한쪽에는 냉장 창고와 냉동 저장고가 있어. 여기에는 월동 대원들과 여름철에 연구를 위해 세종기지를 찾는 하계 대원들이 먹을 음식 재료들이 가득 차 있어.

기계동

먹는 물은 어떻게 구하냐고? 여름철에는 눈이나 빙하가 녹은 물을 사용해. 세종기지에는 '세종호'와 '현대호'라는 연못이 두 군데 있어. 여기에 눈이나 빙하가 녹은 물을 모아 두었다가 필요할 때마다 끌어다 쓴대. 하지만 겨울에는 세종호와 현대호가 모두 꽁꽁 얼어붙어. 그래서 기계동 안에는 바닷물을 민물로 만들어 주는

담수화 장치가 있어.

세종기지에는 체육관도 있어. 생활동에서 10분 정도 걸어가면 나와. 걸어가면서 운동을 할 수 있도록 숙소에서 일부러 떨어뜨려 놨대. 대원들은 이곳에서 농구, 배드민턴, 족구 같은 운동을 하면서 남극의 추운 날씨를 이겨낸다고 해.

체육관

또 잠수동에는 공기통과 잠수복 등을 비롯해 다양한 잠수 장비가 갖춰져 있어. 남극의 차가운 바다에 사는 동식물을 채집하는 데 꼭 필요한 것들이야.

대원들이 생활하는 건물 소개는 이 정도로 하고, 이제 남극을 연구할 때 쓰이는 건물을 살펴볼까? 연구 시설로는 생활동 바로 뒤에 지구물리연구동과 생물해양연구동이 있고, 좀 떨어진 곳에 고층대기관측동과 지자기관측동이 있어. 바로 이곳에서 남극에 대한 연구가 이뤄져.

과학자들은 세종기지 주변 대기의 움직임을 관찰하고 기록해. 시간과 날짜에 따라 눈과 바람이 어떻게 불고, 날씨와 기온은 어떻게 바뀌었는지 연구하는 거지. 1년 내내 얼음이 녹지는 환경에서 암석과 지층이 어떤 형태를 띠고 있는지

연구동 내부 모습

도 주요한 연구 대상 가운데 하나야. 남극 땅은 사람과 생명의 발길이 거의 닿지 않고, 눈과 얼음으로 뒤덮여 있어. 그러니 지구의 원시 모습을 들여다보는 데 더할 나위 없이 좋은 조건이지. 육지와 바다의 생태계를 연구하는 것도 빼놓을 수 없어. 나중에 좀 더 꼼꼼히 살펴보겠지만, 남극에는 우리가 생각하는 것보다 훨씬 다양한 생명 종이 생태계를 이루고 있어. 어류와 조류, 포유류는 물론이고 갖가지 미생물이 저마다 남극 환경에 적응해서 살아가고 있지.

사실 남극 연구는 아주 섬세하고 오랜 노력이 필요해. 예를 들어 세종기지 과학자들은 오랫동안 브랜스필드 해협, 마리안 소만, 피데스 만의 해양 환경과 지질을 탐사하고 있어. 이를 통해 빙하가 실어 나른 흙이 어떻게 바닷속 지형과 지질을 바꾸었는지, 그리고 이게 바닷물의 흐름을 어떻게 바꾸고 기후에 어떤 영향을 주었는지 연구하는 거야. 또 과학자들은 아주 낮은 온도에서도 얼지 않고 살아남은 남극 생물과 미생물을 연구해서 냉동 보존 물질, 천연 부동액, 의약품 등을 만들어 내고, 추위에 강한 농작물을 만드는 데도 온 힘을 기울이고 있어.

남극 들여다보기

밥을 먹고 세종기지를 둘러보고 숙소에 들어와 누우니 몸은 피곤한데 막상 자려니 잠이 오지 않았어. 여기가 정말 남극 맞나, 여기서 잘 지낼 수 있을까

하며 설렘 반 걱정 반으로 머리가 복잡했어. 아저씨는 남극을 연구하는 과학자도, 기지를 관리하고 유지하는 기술자도 아니야. 하지만 아저씨는 늘 남극에 가고 싶어 몸살을 앓았어. 남극의 눈과 얼음과 하늘과 바다가 보고 싶었고, 바람과 공기를 느끼고 싶었어. 드디어 그 꿈이 이뤄진 첫날이니 얼마나 흥분되고 떨리겠니? 아저씨는 아저씨가 볼 수 있는 만큼만 보고, 아저씨가 본 것만큼 들려줄 거야. 아저씨는 몸을 뒤척이며 남극에 대해 공부했던 내용을 떠올려 봤어.

일반적으로 '남극'이라고 할 때는 남위 60도 아래쪽 바다와 대륙을 말해. 북극점이 북극해 가운데 있는 것과 달리 남극점은 땅 위에 있어.

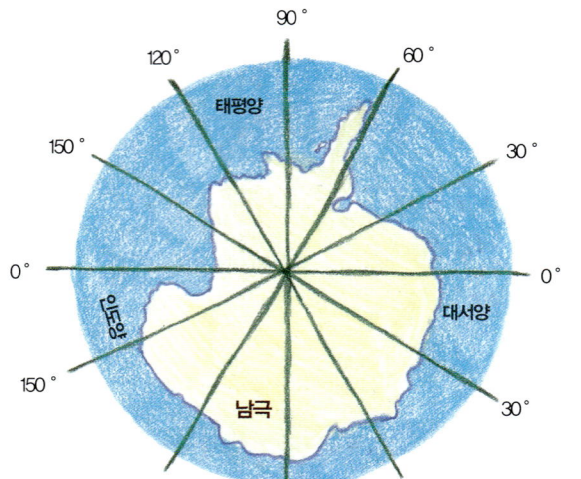
남극의 위치

남극 대륙의 크기는 바다를 덮은 두꺼운 얼음까지 포함해서 무려 1,420만 평방킬로미터야. 지구 전체의 9.2퍼센트를 차지하는 면적이지. 북한과 남한을 포함한 한반도의 62배, 엄청나게 넓은 땅덩어리를 가진 중국의 1.4배 정도 돼. 또 남아메리카 대륙의 75퍼센트 정도이고, 오스트레일리아 대륙의 1.5배나 되는 큰 땅덩어리지.

그런데 왜 남극을 설명할 때 '바다를 덮은 두꺼

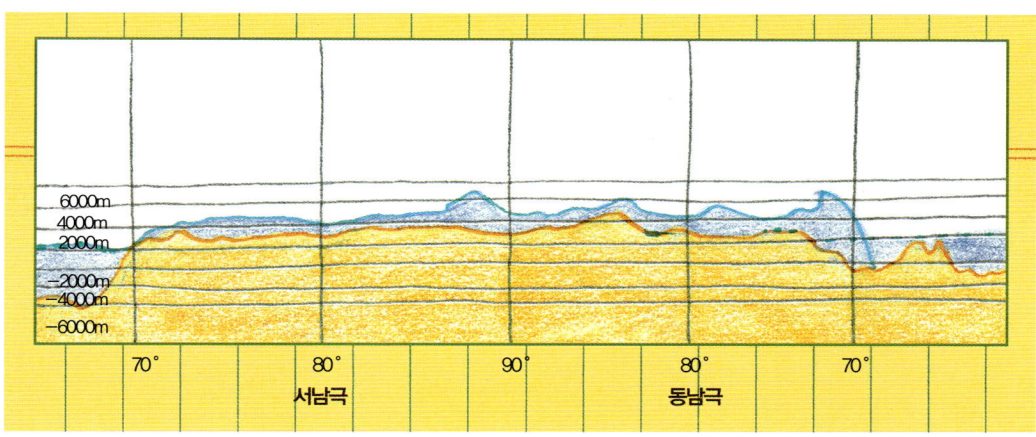
남극 대륙 위에 쌓인 얼음 두께 (단면도)

운 얼음'까지 포함했는지 궁금하지 않니? 그 이유는 남극을 뒤덮고 있는 빙하가 너무나 두꺼워 빙하 밑이 대륙인지 바다인지 알 수 없기 때문이야. 남극이 얼마나 두꺼운 얼음으로 덮여 있는지 알면 깜짝 놀랄걸.

얼음의 평균 두께는 2,160미터이고, 가장 두꺼운 곳은 무려 4,776미터나 돼. 남극 대륙을 뒤덮고 있는 빙하가 다 녹으면 전 세계 해수면이 60미터 이상 높아진대. 남태평양 투발루 섬은 물론이고, 우리나라 항구와 바닷가 마을은 모두 바다에 잠기게 되지. 정말 엄청난 양의 얼음이야.

남극 대륙의 지형은 우리나라와 비슷한 점이 있어. 바로 동쪽이 서쪽보다 높다는 거야. 우리나라도 동쪽에는 태백산맥이 자리 잡고 있어 평야가 많은 서쪽보다 훨씬 높잖아. 본초자오선을 기준으로 남극 대륙을 동서로 나눠 보면 동쪽(동남극)이 서쪽(서남극)보다 더 넓고, 더 높아.

고도가 높으면 으레 기온이 떨어지기 마련이야. 따라서 동남극이 서남극보다 훨씬 추워. 땅 위에 쌓인 얼음도 동쪽이 서쪽보다 훨씬 두껍지. 또 서남극은 동남극 지역과 달리 여러 섬들로 복잡한 지형을 이루고 있어. 그래서 동남극은 광활한 대륙 위에 눈이 지속적으로 평평하게 쌓였고, 서남극은 상대적으로 불안정한 빙원으로 이루어져 있지.

남극의 기온은 전 세계에서 가장 낮아. 연평균 기온이 영하 34도거든. 특히 동남극의 높은 지대에 있는 러시아 보스토크 기지 주변 연평균 기온은 영하 55.4도이고, 무려 영하 89.6도까지 떨어진 적이 있대.

아저씨는 몇 해 전에 북극 다산기지에 다녀온 적이 있어. 내 경험으로 비추어 봐도 세종기지가 다산기지보다 추웠어. 다산기지는 북위 78도쯤에, 세종기지는 남위 62도쯤에 자리 잡고 있어. 다산기지가 16도나 높은 위도에 있는데 왜 남극이 더 추울까?

북극 바다에는 남쪽 바다에서 올라오는 따뜻한 물(난류)이 흘러들어. 또 북극은 대

륙이 아니라 바다로 이루어져 있지. 바다는 육지보다 기온차가 심하지 않아. 그러니까 해양성 기후(북극)는 대륙성 기후(남극)보다 상대적으로 따뜻해. 사실 세종기지도 남극 대륙에 있는 다른 기지에 견주어 해양성 기후의 영향을 받기 때문에 상대적으로 따뜻한 편이야. 덕분에 연평균 기온이 다산기지는 영하 2도, 세종기지는 영하 3도로 비슷하지. 다산기지의 위도가 세종기지보다 훨씬 높다는 점을 고려하면 다산기지가 훨씬 따뜻한 셈이야.

또 남극 세종기지는 북극 다산기지보다 바람이 훨씬 많이 불어. 세종기지(연평균 초속 8미터)가 다산기지(연평균 초속 3.4미터)에 견주어 바람 세기가 두 배 넘게 강해. 다산기지에서는 바람이 그다지 불지 않았지만 세종기지에서는 바람이 거의 날마다 모자를 벗겨 낼 정도로 거세게 불었거든. 특히 남극은 눈폭풍(블리자드)이 많이 불어. 블리자드가 불면 사람이 느끼는 체감 온도는 실제 기온보다 훨씬 떨어져. 블리자드가 부는 날이면, 사람은 말할 것도 없고 남극의 추운 환경에 적응한 동식물이 얼어 죽지 않을까 걱정될 정도였어.

하나 더, 해양성 기후의 영향을 받는 세종기지 주변은 강수량이 많은 편이지만, 대륙성 기후인 남극 대륙은 강수량이 사막만큼이나 적어. 남극에는 눈이 많이 쌓여 있으니까 강수량이 많을 거라고 생각할 수도 있어. 하지만 남극의 한해 강수량은 50밀리미터에서 500밀리미터 정도밖에 안 돼. 이건 지구상에서 가장 건조하다는 사하라 사막에도 미치지 못하는 양이야.

그래서 사람들은 남극을 '하얀 사막'이라고도 해. 강수량이 적은데, 남극에는 왜 눈과 얼음이 그렇게 많은 걸까? 그건 내린 눈이 녹지 않고 그 위에 새로운 눈이 쌓이는 일이 수십만 년 동안 되풀이됐기 때문이야.

눈이 녹지 않고 얼마나 있냐고? 러시아 보스토크 기지 과학자들은 무려 42만 년 전에 내린 눈이 단단하게 뭉쳐져서 만들어진 빙하를 발견하기도 했어.

세종기지 앞바다는 유빙들의 휴식처

아저씨는 아침에 일어나면 심심풀이 삼아 기지 주변을 산책했어. 하루는 바닷가를 걷고 있는데 '우르릉 꽈광' 하는 천둥소리가 났어. 아저씨는 소리가 나는 바다 쪽으로 눈길을 돌렸다가 한동안 벌린 입을 다물지 못했어. 세종기지가 들어선 마리안 소만 끝에는 거대한 빙하가 있는데, 거기에서 거대한 얼음이 갈라져 바다로 떨어지면서 내는 소리였던 거야. 세종기지에 오래 머무는 과학자들도 빙벽이 무너지는 모습을 눈으로 직접 보는 일은 드물대. 운이 좋았던 거지. 그 모습을 보고 있자니 한편으로는 무섭고 한편으로는 아주 멋졌어. 아쉽게도 하필 그날 사진기를 가지고 오지 않아 사진을 찍지 못했어.

마리안 소만 동쪽에는 킹조지 섬 위로 흐르는 빙하의 끝자락 빙벽이 있어. 덕분에 세종기지에서는 유빙들을 자주 볼 수 있어. 특히 바람이 심하게 부는 날 세종기지 앞바다는 빙벽에서 떨어져 나온 크고 작은 유빙으로 가득 메워져. 파도에 떠밀려 온 빙하 조각들이 바닷가 여기저기 널려 있고는 했어.

아저씨는 유빙 위에서 코를 골며 낮잠을 자는 물범 모습을 가끔씩 볼 수 있었어. 물범은 한번 먹이를 먹으면 이틀쯤 사냥을 하지 않고 잠만 잔대. 유빙을 찾는 손님으로는 펭귄도 있어. 펭귄들도 바닷속을 누비며 크릴을 사냥하다가 몸이 피곤해지면 유빙에 올라 달콤한 휴식을 즐기거든.

유빙 가운데는 아름다운 파스텔 톤의 옥색으로 빛나는 것들이 자주 눈에 띄었어. 햇빛을 받아 파랗게 반짝이는 얼음 덩어리를 바라보면서, 마치 이상한 나라에 온 앨리스처럼 황홀하고 두근거렸어. 아저씨는 갖가지 모양의 유빙을 보고 짐승이나 사물을 떠올리며 즐거운 시간을 보내곤 했어.

빙하는 물이 얼어서가 아니라, 눈이 쌓이고 쌓이면서 단단하게 뭉쳐지며 만들어져. 앞서 내린 눈 위에 새로운 눈이 쌓이고, 먼저 내린 눈은 위쪽 눈의

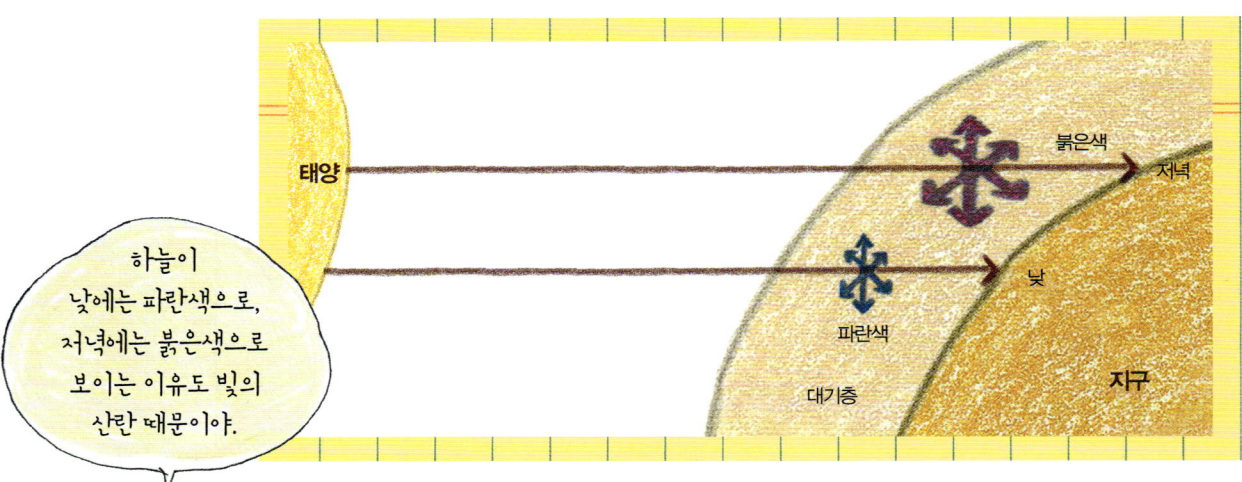

하늘이 낮에는 파란색으로, 저녁에는 붉은색으로 보이는 이유도 빛의 산란 때문이야.

무게에 눌려 얼음 상태가 되지. 이렇게 단단해진 빙하는 지형을 따라 조금씩 움직여. 그러다가 바다와 만나는 곳에서 떨어져 나가지. 빙하가 파란색으로 보이는 이유는 빛의 산란(가시광선이 공기 중의 작은 입자와 부딪히면서 흩뿌려지는 현상) 때문이야. 가시광선 가운데 파장이 짧은 파란색 빛이 얼음에 침투하고 산란하면서 우리 눈에 파란색으로 보이는 거지.

빙하로 싹싹 갈아 만든 팥빙수

빙하는 대원들에게 또 다른 즐거움을 줘. 바로 먹는 즐거움이지. 빙하를 어떻게 먹느냐고? 얼음을 어떻게 먹어야 맛있을지 한번 생각해 봐.

그래, 바로 팥빙수야. 바람이 부는 날이면 유빙이 세종기지 앞 바닷가로 밀

빙하로 만드는 팥빙수 요리 교실

남극에 왔으면 빙수를 먹어 봐야죠! 저를 따라오세요~

❶ 팥빙수가 먹고 싶을 때는 한 손에 망치를, 다른 한 손에 커다란 그릇을 들고서 바닷가로 나간다.

❷ 망치로 얼음을 자그마한 크기로 깬 뒤 가지고 간 그릇에 담아 온다.

❸ 가져온 얼음을 갈아서 얼음 가루로 만들어 그릇에 담는다.

❹ 그 위에 삶은 팥과 찹쌀떡으로 만든 소, 그리고 과일 조각으로 맛을 낸 뒤 우유를 부으면 맛있는 팥빙수가 된다.

맛나다!

바로 이 맛이야!

꺼억~

려 온다고 했지? 이 유빙을 이용해 팥빙수를 만드는 거지.

　빙하를 이용해 어른들이 좋아하는 칵테일도 만들 수 있어. 칵테일 만드는 방법도 간단해. 유리잔에 빙하를 잘게 깬 얼음 조각을 담은 뒤 술과 주스를 알맞게 부으면 완성!

　다짜고짜 칵테일을 들이켜려는데, 어라, 얼음에 수많은 공기방울이 생겼어. 유리잔에 슬며시 귀를 대 보았더니 공기방울이 '톡톡' 소리를 내며 터지는 거야. 탄산수도 아닌데 왜 이런 현상이 생기는 걸까?

빙하에는 수만 년 전 공기가 들어 있어. 빙하는 눈이 차곡차곡 쌓이면서 얼음으로 굳어진 거라 했잖아. 이때 눈 사이에 있던 공기가 나중에 내린 눈 때문에 도망가지 못하고 그대로 얼어 버린 거지. 얼음이 녹으면서 그 공기가 빠져나오느라 공기방울이 생겨난 거야.

바닷가를 걸을 때도 가만히 귀를 기울이면 공기방울 터지는 소리를 들을 수 있었어. 바닷가로 밀려 온 유빙들이 녹으면서 그 안에 갇혀 있던 공기가 빠져나가는 소리였어.

가로등이 없어도 환한 세종기지의 밤

아저씨가 세종기지로 건너간 때는 12월이었어. 다들 알겠지만, 북반구에 있는 우리나라와 남반구에 있는 세종기지는 계절이 정반대잖아. 12월이면 한국은 겨울이지만 남극은 여름이야. 아저씨가 세종기지에 도착하고 며칠 뒤가 해가 가장 길다는 하지였어.

남극에도 여름이라는 계절이 있냐고? 그럼, 분명히 있어. 여름에는 하루 종일 낮만 있고 밤이 없는 백야가 수개월 동안 이어져. 기온은 평균 영하 2도에서 영상 1도 정도를 유지해. 우리나라 초겨울 수준이지. 물론 평균적으로 그렇다는 얘기고, 차가운 바람이 불면 한여름에도 영하 4~5도까지 떨어지곤 해.

그런데 아저씨가 머물던 동안에는 유난히 바람이 많이 불었어. 어찌나 세차게 부는지 체감 온도가 영하 20도 아래로 내려갔어. 원래 이맘때에는 날씨가 풀린다고 하는데 바람 때문인지 정말 추웠어. 그래서 늘 내복을 입고 옷을 두세 겹 껴입고, 그 위에 오리털 파카를 뒤집어써야 했어.

  눈폭풍 때문에 기지에는 눈이 자주, 많이 쌓였어. 아저씨가 기지에 도착하기 이틀 전에 무려 2미터나 되는 폭설이 내렸대. 그래서 아저씨가 세종기지에 도착했을 땐 온 세상이 하얀 눈나라였어. 여름에는 그렇게 많은 눈이 내리

> 어젯밤에 백야 때문에 한숨도 못 잤어. 여름에도 하루 여덟 시간 넘게 밤이 이어지는 한국이 그리워.

지 않는다는데, 눈으로 뒤덮인 남극을 보고 싶어 하는 아저씨를 위해 하늘이 선물해 준 것만 같았어. 이처럼 눈이 많이 내리기는 했지만, 12월 남극은 여름철인 게 분명해.

여름철 남극의 가장 도드라진 점은 아무래도 백야 현상이야. 세종기지는 밤 11시가 넘어서야 해가 졌어. 해가 진 뒤에도 한국 밤처럼 아주 깜깜한 게 아니라 새벽녘처럼 잠깐 어슴푸레했다가 밤 1시가 넘으면 다시 훤하게 날이 밝았

여기 온 지 며칠 지났다고 벌써 향수병에 걸린 거야?

지. 세종기지가 자리 잡은 곳은 북극 다산기지처럼 완전한 백야 현상이 일어나는 곳이 아니라서, 해가 하루 종일 머리 위를 빙빙 돌지는 않았어. 하지만 밤에도 어지간히 멀리 떨어져 있는 사물을 또렷이 볼 수 있었지.

하루 종일 해가 지지 않는 백야를 보기 위해서는 좀 더 남쪽으로 가야 해. 남위 66도 33분 지역부터 하루 종일 해가 지지 않는 백야 현상이 또렷이 생기거든. 반대로 한겨울에는 해가 뜨지 않고 하루 종일 밤만 이어지는 극야 현상이 생기고 말이야.

좀 더 남쪽으로 내려간 남위 78도 지역에서는 1년 가운데 넉 달간은 극야가, 뒤이은 넉 달간은 백야가 차례로 이어진대. 그나마 나머지 넉 달은 밤과 낮이 구별된다나.

아예 위도 90도가 되는 남극점에서는 어떨까? 백야와 극야가 6개월씩 번갈아 나타난대. 그래서 남극점에 다다르려는 모험가들은 백야가 이어지는 여름철을 이용해. 하지만 아저씨는 평생 가도 남극점 같은 데는 가지 못할 거야. 날씨와 먹을거리도 문제지만, 하루라도 잠을 푹 자지 못하면 아무것도 못하는 체질이거든.

세종기지에서 생활을 시작한 얼마 동안은 두껍고 검은 천으로 창문을 가리지 않고서는 잠을 잘 수가 없었어. 아저씨가 머문 숙소에는 창문이 두 개 있었는데 그 가운데 하나가 좀 밝고 얇은 커튼이었어. 밤인데도 창밖이 밝아 잠을 설칠 수밖에 없었지. 그래서 멋진 꾀를 하나 생각해 냈어. 한국에서 가져

간 검은 옷감으로 만들어진 등산복에 집게를 물리고 핀을 꽂아 어찌어찌 창문을 가렸어. 한참 창문에 매달려 버둥거린 끝에 멋진 등산복 커튼 완성! 그날 밤 비로소 단잠에 빠질 수 있었지.

며칠 뒤부터는 점차 백야 현상이 잦아들었어. 밤에 손전등이 없으면 잘 보이지 않았어. 등산복 커튼을 걷어 내어도 창밖이 밝지 않아 잠도 잘 잤어.

끝없이 펼쳐진 거대한 얼음 산맥

세종기지가 자리한 마리안 소만 끝에 커다란 빙하가 있다고 했잖아. 아저씨는 틈만 나면 바닷가로 나가 그 빙하를 하염없이 바라보곤 했어. 북극 다산기

지에서 본 빙하보다 훨씬 컸어. 그 거대하고 웅장한 모습은 보는 사람을 압도해. 자연의 위대한 장관 앞에서 아저씨는 한없이 작아지고 또 한없이 맑아지는 느낌이었어.

　연구 대원 한 분에게 "와, 빙하가 정말 엄청나게 크네요." 했더니, "남극 대륙에서 본 빙하랑은 비교도 안 돼요. 새 발의 피예요." 하는 거야. 에이, 설마…… 그분이 뻥튀기하는 거라고 생각했어. 하지만 그분이 제2 연구 기지 후보지를 정하기 위해 남극 대륙에 다녀오면서 찍은 사진을 보는 순간 인정할 수밖에 없었지. 입이 떡 벌어지더라고. 바다 위에 떠 있는 유빙도 세종기지 앞 바다 유빙과 견주면 산처럼 크더라고. 그래도 아저씨는 사진 속 남극 대륙의 빙하보다는 눈으로 직접 볼 수 있는 세종기지 주변의 빙하가 더 좋더라. 그 빙하들을 보는 것만으로도 충분히 뿌듯하고 행복했어.

그렇게 빙하를 보고 있자니 좀 더 가까이서 보고 싶은 욕심이 생겼어. 그래서 하루는 작심을 하고 월동 대원과 거대한 빙하가 펼쳐진 빙원 근처로 탐사를 갔어. 기지에서 1킬로미터 이상 벗어날 때는 지켜야 할 규칙이 있어. 두 명 이상 짝을 이뤄야 하고, 때때로 무전기로 기지에 상황을 알려 줘야 해. 그래야 예상치 못한 위험에 빠졌을 때를 대비할 수 있거든. 이런저런 준비물을 꼼꼼히 챙긴 다음, 우리는 설상차로 빙원 근처로 갔어.

 빙하 곳곳에는 얼음이 갈라져 깊이가 수백 미터나 되는 틈, 곧 크레바스가 있어. 크레바스 가운데는 윗부분이 눈에 덮여 틈이 보이지 않는 것도 있어. 자칫 잘못하다가는 여기에 빠질 수도 있지.

 가까이에서 보니, 멀리서 보던 것과 달리 크레바스가 무척 넓고 깊었어. 여기에 빠지면 살아날 수 없을 것 같다는 생각이 들자 머리가 쭈뼛해졌어. 실제로 아르헨티나 주바니 기지에서 연구하던 과학자가 세종기지 근처 크레바스에 떨어져 목숨을 잃기도 했대.

 그래서 세종기지 대원들은 다른 기지에 갈 때 빙원 쪽을 지나지 않아. 빙원을 가로질러 가면 시간도 오래 걸릴뿐더러 위험하기 때문이야. 예를 들어 칠레 프레이 기지까지 배를 이용하면 30분이면 갈 수 있지만, 빙원을 거쳐서 가면 하루가 넘게 걸린대.

 특히 여름철에는 빙원이 녹으면서 무시무시한 크레바스가 곳곳에 생겨난다고 해. 그러니까 아저씨가 갔을 때가 가장 위험한 시기였던 거야. 다만 한겨울에는 여름철보다 상대적으로 안전하대. 겨울철에는 빙하가 녹지 않고 크레바스 틈도 눈으로 메워지기 때문이지. 아저씨는 빙원을 걷고 싶었지만 월동대원이 위험하다고 말려서 아쉽게도 그냥 기지로 돌아와야 했어. 다음에 기회가 돼서 겨울에 세종기지에 올 수 있으면 빙원 위를 꼭 걷고 싶어.

빙하는 물이 아니라 눈이 얼어서 만들어졌다고 했잖아. 그게 말로는 간단한데, 정작 머리로 떠올려 보면 잘 상상이 되지 않아. 눈이 오랫동안 쌓이고 스스로의 무게로 단단히 뭉쳐져서 얼음이 됐다는 게 도대체 말이 되냐고!

이렇게 아득한 느낌이 드는 까닭은 아무래도 거기에 쌓여 있는 시간 때문인 것 같아. 눈이 내려 녹지 않고 쌓였다가 그 위에 다시 눈이 내리고……. 이런 과정이 수십 만 년 동안 되풀이된 거잖아. 내가 보고 있는 빙하 밑바닥에, 인류가 처음 불을 발견해서 사용하던 때보다 앞서 내린 눈이 들어 있다는 게 믿기지 않아.

마음 같아서는 빙하를 한 조각 떼어 한국에 가져가고 싶었어. 하지만 가는 동안 다 녹아 버리겠지. 얼음이 녹으면 그 속에 담긴 수십 만 년 전 공기도 빠져나가 버리는 거잖아. 그러니 다시 얼려도 시간이 담겨 있지 않으니 그다지 의미가 없지.

뒤에 안 사실인데, 나 같은 생각을 하는 사람이 적지 않은가 봐. 실제로 중국 장성 기지에서는 손님이 오면 빙하 녹은 물을 병에 담아 선물로 준대. 팔기도 하고. 세종기지도 귀한 손님이 방문하면 빙하 칵테일을 만들어서 대접해.

남극 얼음을 가져오지는 못했지만, 아저씨는 세종기지에 머무르는 동안 빙하 녹인 물을 많이 마셨어. 수십만 년 전 내린 눈이 켜켜이 쌓여서 만들어진 빙하 물이 어떤 맛이냐고? 흐흐흐, 온몸이 짜릿짜릿해.

눈과 얼음의 나라에 마실 물이 부족하다고?

사람은 물 없이 살 수 없어. 우리 몸은 70퍼센트 이상이 물로 이뤄져 있어서 물을 마시지 않으면 사흘 정도밖에 살 수 없어. 음식을 먹지 않더라도 물을 마시면 보름 정도는 살 수 있다고 해. 사람이 살아가는 데 물이 얼마나 중요한지 알 수 있지.

세종기지에서는 어떤 물을 마실까? 눈과 얼음이 많으니깐 막연히 물도 많을 거라고 생각하니? 하지만 마음 놓고 마실 수 있는 물은 많지 않아. 세종기지에 파 놓은 두 연못의 물만 해도 그래. 두 연못에 담겨 있는 물은 겉으로 보기에는 정말 깨끗해. 하지만 현미경으로 들여다보면 이물질이 굉장히 많아. 블리자드가 연못에 작은 먼지를 실어 날랐기 때문이지. 이 때문에 사람들은 정수기로 작은 먼지를 거른 뒤에 물을 마셔. 물론 설거지나 목욕할 때 쓰는 물은 두 연못에서 물을 끌어 와서 보일러로 따듯하게 덥힌 다음 곧바로 사용하지.

그나마 연못 물을 사용하는 건 날씨가 따뜻한 여름에나 가능한 일이야. 겨울철에는 연못이 꽁꽁 얼어붙기 때문에 소용이 없어. 마실 수도 없고 씻을 수도 없으니 정말 큰일이지?

하지만 너무 걱정하지 않아도 돼. 겨울철에도 필요한 물을 구할 수 있는 방법이 있어. 세종기지에는 바닷물을 민물로 바꾸는 장치가 갖춰져 있거든. 커다란 관으로 끌어들인 바닷물을 이 담수화 장비를 이용해서 민물로 바꾸는 거야. 담수화 원리는 간단해. 삼투압 현상(농도가 다른 두 액체를 반투막으로 막으면 농도가 낮은 액체가 높은 쪽으로 옮겨 가는 현상)을 이용해 소금과 물을 분리하거나 바닷물을 덥혀서 증발하는 수증기(민물)를 모으면 돼.

그렇다고 해도 겨울에는 여름처럼 물이 풍족하지 않아. 바닷물에서 뽑아내는 민물 양이 그리 많지 않거든. 그래서 겨울이 시작되면 월동 대원들은 빨래도 모아서 한꺼번에 빨고, 목욕할 때도 수도꼭지를 꽉 잠가 놓고 비누칠을

해. 물을 아끼는 습관이 몸에 밴 거지.

　참, 아저씨는 빙하와 얼음이 녹은 물을 정수기로 거르지 않고 직접 마신 적이 있어. 하루는 펭귄을 연구하는 과학자를 돕기 위해 펭귄들이 수천 마리 모여 사는 펭귄 마을에 사진을 찍으러 나갔어.(펭귄 이야기는 나중에 자세히 들려줄게.) 거기서 시간 가는 줄 모르고 돌아다니다가 문득 춥기도 하고 배도 고파 일행들과 근처에 있는 대피소로 갔어.

　대피소는 펭귄 마을과 마리안 소만 건너편에 하나씩 있어. 연구 활동을 나간 대원들이 날씨가 갑자기 나빠졌을 때 추위를 피할 수 있도록 만들어 놓은

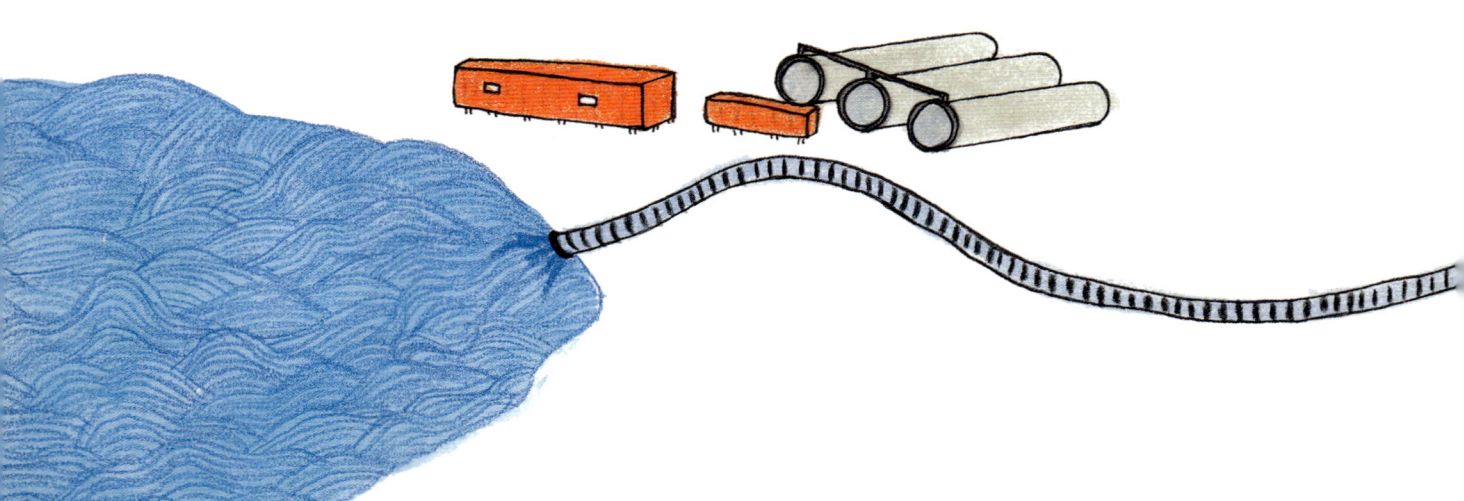

장소지. 대피소에는 비상식량도 갖춰져 있어. 연구 활동을 할 때 따로 음식을 싸 가지고 다니지 않기 때문에 대피소에서 먹을 수 있게 준비해 놓은 거야.

아니나 다를까, 대피소에는 간이 침대와 침낭, 버너, 코펠은 물론이고 라면과 과일 통조림, 초코파이가 우리를 기다리고 있었어. 배가 고픈 우리는 라면을 끓이기로 했어. 따뜻한 국물을 마시고 싶었거든. 그런데 문제가 생겼어. 라면을 끓이려고 보니 물병만 있고 그 안에 물이 하나도 없는 거야. 물 없이 라면을 끓일 수 없잖아.

이러지도 저러지도 못하고 있는데, 일행 가운데 한 대원이 근처에 빙하와

눈이 녹은 물이 흐르는 개울이 있다고 했어. 세종기지에서 세 차례나 겨울을 지낸 대원이라 그런지 이곳 환경과 지형을 훤하니 꿰고 있었어. 아저씨는 얼른 물통을 들고 밖으로 나갔지. 물소리가 나는 곳으로 가 보니 폭이 30센티미터나 될까 말까 한 자그마한 개울에 깨끗한 물이 흐르고 있었어. 눈으로 보기에는 마시는 데 전혀 문제가 없을 것 같았어. 개울 폭은 좁았지만 물이 많이 흘러 물병에 어렵지 않게 채울 수 있었어.

우리는 그 물로 라면을 끓여서 아주 맛있게 먹었어. 라면 국물까지 싹싹 다 핥아 먹었는데 정수기로 걸러서 마시는 물이랑 큰 차이를 느끼지 못했어. 수십만 년 전에 내린 눈으로 끓여 먹은 라면은 꿀맛이었지. 요즘도 가끔 그 맛을 잊지 못해 입맛을 다시곤 해. 물론 미세한 먼지가 들어 있었겠지만 아직까지 별 탈이 없어. 아무래도 아저씨는 건강 체질인가 봐.

남극 하늘을 장식하는 오로라

남극과 북극을 얘기하면 떠오르는 풍경이 또 하나 있어. 바로 남극과 북극에서 볼 수 있는 오로라야. 아저씨는 오로라를 보고 싶어서 틈나는 대로 하늘을 올려다봤어. 하지만 오로라는 좀처럼 나타나지 않았어. 결국 한참이 지난 뒤에야 알았어. 세종기지 근처에는 오로라가 나타나지 않는다는 걸. 고개 아프게 하늘을 올려다본 시간과 정성을 생각하면, 어휴……. 하지만 덕분에 새로운 사실을 알게 됐으니 다행이지 뭐.

　극지방이라고 해서 아무데서나 오로라를 볼 수는 없어. 오로라는 극점에 가까운, 위도 65도가 넘는 지역에서만 발생하거든. 아쉽게도 세종기지는 남위 62도에 위치해 있어서 오로라를 볼 수가 없었던 거야.

　오로라에 대해서 좀 더 자세히 알려 줄게. 혹시 다음에 남극에 가게 되면 나 같은 실수는 하지 말아야지.

오로라는 로마 신화에 나오는 여명의 신 '아우로라'에서 이름을 빌려 왔어. 그리스 신화에서는 '에오스'라는 이름으로 나오는 신이야. 오로라는 태양에서 뿜어져 나온 플라즈마가 지구의 자기장에 이끌려 대기로 들어오면서 공기 입자와 부딪치면서 생겨나.

더 자세히 말해 줄게. 태양에서 뿜어 나온 플라즈마는 지구에 도달하는 동안 대부분 자기장과 부딪치면서 튕겨 나가지만, 그중에 일부는 자기장에 이끌려서 N극과 S극, 곧 북극과 남극으로 빨려들게 돼. 플라즈마가 전기 성질을 가지고 있기 때문이지. 북극과 남극으로 간 플라즈마는 전리층에서 공기 입자들과 부딪치면서 빛을 내는데, 그 빛이 바로 오로라야.

전리층은 지상 80~400킬로미터에 이르는 대기층을 말해. 전리층은 태양열 에너지 때문에 공기 입자가 이온화되어 부분적으로 플라즈마 상태를 이루고 있지. 그러니까 오로라도 80~400킬로미터 정도 높이에서 생겨나는 거야.

위도가 높은 지역에서 낮에 나타나는 커튼 모양 오로라는 가장 높게는 수백 킬로미터 상공에서 나타나. 일반적으로 저녁부터 한밤중까지는 백수십 킬로미터, 한밤중에서 아침까지 보이는 오로라는 90~100킬로미터 정도 높이에서 만들어져. 또 극점에서 나타나는 오로라는 80~100킬로미터, 위도가 낮은 지역에서 나타나는 오로라는 300~600킬로미터 높이에서 생겨나.

오로라는 부딪치는 공기 성분에 따라서 파장이 달라지고 이에 따라 빛도 빨강, 노랑, 초록, 파랑, 보라 등으로 달라져. 예를 들면 플라즈마가 질소와 부딪칠 때는 보라색 오로라가 생기고 산소와 부딪칠 때는 붉은색과 초록색을 내.

오로라의 빛깔은 저마다 높이와 분포 지대가 다르대. 붉은색을 내는 산소 원자는 200킬로미터보다 높은 곳에, 초록색을 내는 산소 원자와 파랑색을 띠는 질소 분자는 100~200킬로미터 상공에, 또 핑크색을 띠는 질소 분자는 100킬로미터 아래에 많이 분포하고 있다는 거지. 그러니까 오로라 색깔을 보면 플라즈마가 어떤 공기 입자와 어디쯤에서 부딪쳐서 빛을 내는지 짐작할 수 있어.

남극에는 오로라를 자주 볼 수 있는 오로라 지대가 있어. 바로 남극점을 중심으로 위도 78도 30분, 동경 111도의 원형 지대야. 이 가운데서도 특히 서남극의 남쪽 지역, 동남극과 주변 바다에서는 거의 날마다 오로라를 볼 수 있어.

비록 오로라를 보지는 못했지만, 아저씨는 세종기지의 하늘을 올려다보면서 오로라에 견줄 만큼 멋진 광경을 날마다 목격했어. 바로 새벽빛과 저녁노을이야. 푸르스름한 바다, 새하얀 빙하와 어울린 새벽빛과 저녁노을은 정말 아름다웠어.

지구의 역사를 품은 화석

세종기지에는 여름철이면 다양한 분야를 연구하는 과학자들이 들어오는데, 지질을 연구하는 과학자 세 명이 아저씨보다 한 달 정도 늦게 들어왔어. 이 연구원들은 날씨가 좋은 날이면 아침에 커다란 배낭을 메고, 한쪽은 뭉텅하고 다른 한쪽은 뾰족한 망치를 들고 기지를 나섰어. 멀리 갈 때는 주먹밥 도시락을 싸 가기도 했어.

그런데 하루는 채집을 다녀온 그분들이 배낭에서 검은색 돌을 꺼내 보여 줬어. 언뜻 보기에 돌은 평범해 보였어. 잔뜩 기대하면서 달려갔다가 그 돌을 보고는 심드렁하게 서 있었지. 그랬더니 연구원들이 돌을 좀 더 자세히 들여다보라는 거야. 마지못해 앉아서 살펴보니 어라, 자그마한 나뭇잎 같은 모양이 돌에 새겨져 있었어. 그 검은 돌은 바로 화석이었어!

세종기지 주변은 아주 오랜 옛날에 화산이 폭발해서 이루어진 지형이래. 그래서 대부분 화성암으로 이루어져 있어. 그런데 펭귄 마을 근처에 있는 촛대 바위와 아르헨티나 주바니 기지 주변에 가면 진흙이 굳어져서 만들어진 퇴적암 지대가 나와. 바로 그 퇴적암에서 드물게 화석이 발견되곤 해.

대부분 중생대에 널리 퍼졌던 고사리류나 속씨식물 같은 식물 화석이야. 중생대라면 2억 2,500만 년 전부터 6,500만 년 전까지, 1억 6,000만여 년간의 시기를 말해. 공룡이 지구에 널리 퍼져 있던 때지.

고사리류나 속씨식물은 열대나 아열대 지역에서 사는 식물들이야. 이렇게 추운 남극에서 어떻게 열대나 아열대 식물이 발견되냐고? 사실 아주 오랜 옛날에는 남극이 지금처럼 춥지 않고 따뜻했거든.

고생대까지만 해도 지구는 하나의 거대한 대륙으로 뭉쳐 있었대. 이 거대한 대륙을 판게아라고 해. 그게 중생대에 이르러 위쪽의 로라시아 대륙과 아래쪽

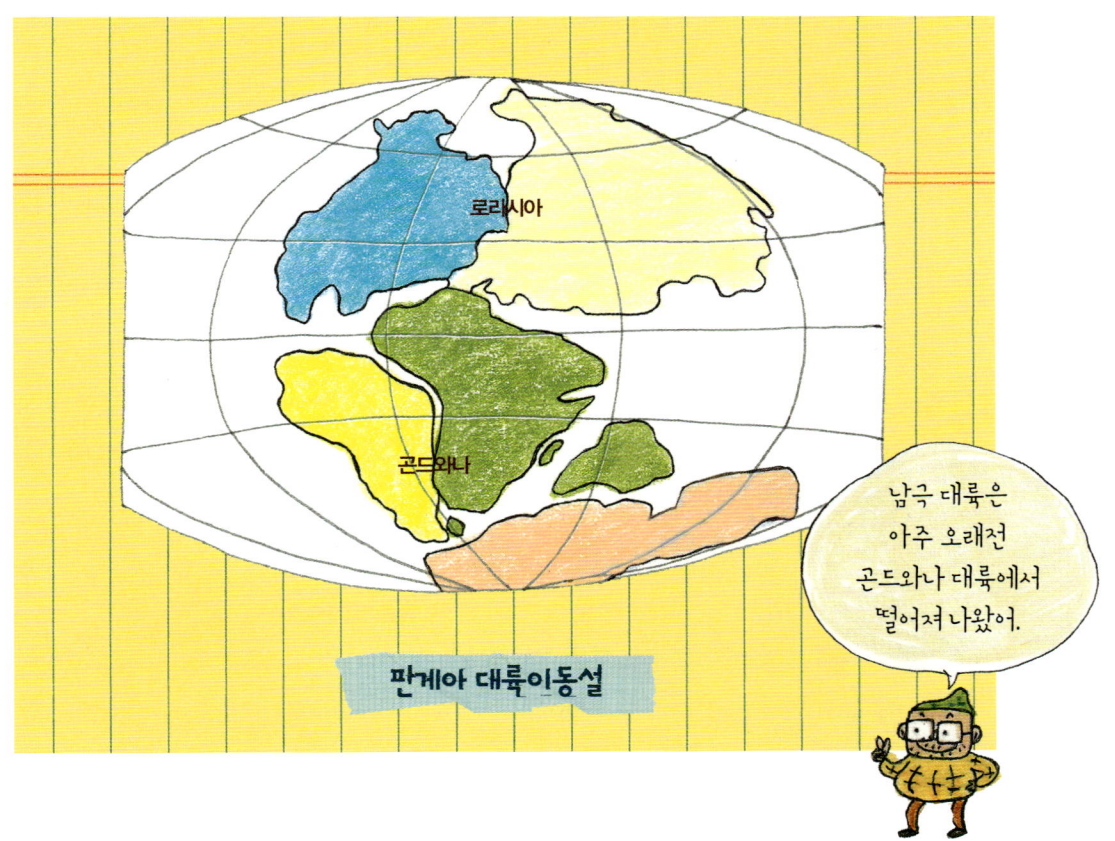

의 곤드와나 대륙으로 나뉘었지. 그중 곤드와나 대륙은 적도와 남반부에 넓게 걸쳐져 있었어. 지금의 남극은 당시에는 곤드와나 대륙 아래쪽에 붙어 있었지. 게다가 중생대에는 오늘날보다 기온이 훨씬 높았어. 남극도 아열대나 열대 기후였다는 얘기지. 그러니까 남극에서 그런 식물 화석이 발견될 수밖에.

　그 뒤로 연구원들은 화석을 몇 번 더 가져와 보여 줬어. 아저씨는 속으로 공룡 화석이나 동물 화석을 볼 수 있었으면 했어. 중생대에 이루어진 화석이라면 공룡 화석이 발견될 수도 있잖아. 실은 북극 다산기지에 갔을 때 등산을 하다가 공룡 알 화석을 발견한 적이 있거든. 그래서 남극에도 그런 화석이 있을 것이라고 생각했어. 내 마음을 알아챘는지 연구원 한 분이 말하길, 세종기지 주변에서는 공룡 화석이 발견되지 않는대. 남극 대륙에서는 미국 지질학자들이 개펄과 화산재가 섞인 지층에서 육식공룡 화석을 발견한 적이 있지만, 세종기지에서는 단 한 번도 없었다는 거야. 나중에 우리나라 과학자들이 남극 대륙에서 공룡 화석도 발견했으면 좋겠어.

남극에도 봄 여름 가을 겨울이 있다

늘 눈이 쌓여 있는 남극에도 사계절이 있어. 물론 우리나라 봄, 여름, 가을, 겨울처럼 또렷하게 나타나는 것은 아니야. 늘 영하 기온을 맴돌고 눈으로 뒤덮여 있지만, 자세히 들여다보면 계절이 오고 가는 걸 느낄 수 있지.

남극 세종기지의 봄은 펭귄과 함께 시작돼. 9월 초순이 되면 한겨울에 따뜻한 북쪽 바다에서 머무르던 펭귄들이 알을 낳기 위해 펭귄 마을로 찾아들거든. 봄 손님으로는 물개도 빼놓을 수 없지. 물개는 무리를 지어 찾아와서는 비슷한 시기에 새끼를 낳아. 갓 태어난 물개 새끼는 부드러운 털로 뒤덮여 있어서 눈보라 속에서도 얼어 죽지 않고 살아남을 수 있어. 고래도 봄이면 세종기지 앞바다를 찾아와 크릴 같은 먹이를 잡아먹어.

　남극의 봄은 아주 짧아. 11월 중순쯤에 곧바로 여름으로 접어들지. 사실 세종기지에서는 봄과 여름이 구분이 잘 안 돼. 다만 세종기지 뒤편 언덕에 쌓인 눈이 녹는 속도를 보면 여름이 온 걸 가늠할 수 있지. 이즈음에는 펭귄 새끼가 알에서 깨어나고 물개 새끼도 점차 덩치가 커지는 걸 볼 수 있어. 이 녀석들은

남극의 사계절

자라는 속도가 무척이나 빨라.

여름이 깊어 가면서 눈이 한결 빠르게 녹고, 자갈로 뒤덮인 땅이 곳곳에 모습을 드러내기도 해. 이렇게 눈이 녹은 곳에서는 우스네아(이 식물에 대해서는 뒤에서 다시 설명할게.)라고 하는 지의류를 비롯해 남극좀새풀, 남극잔디 같은 식물이 새싹을 틔우고 빠르게 자라기 시작해. 우리나라에서는 식물이 봄에 새싹을 틔우는데, 남극에서는 여름이 돼서야 싹을 틔우지. 또 남극 식물은 일단 싹을 내민 뒤에는 빠르게 자라. 남극의 여름이 짧다는 걸 알고 있는 거지. 마치 연평균 기온이 낮은 강원도 산골 벼농사가 남쪽 평야 지대보다 늦게 시작돼서 빨리 끝나는 것과 마찬가지야.

짧은 여름이 지나고, 3월 중순쯤에 가을이 오면 눈이 내리기 시작해. 바람도 무척이나 차갑고 세져. 여름에 자라던 식물들은 어떻게 될까? 생육을 멈추기 때문에 줄기와 이파리가 노랗게 말라 버리지. 봄과 여름 내내 새끼를 낳고 기르던 동물들도 따뜻한 북쪽 바다를 향해 먼 길을 떠나. 초봄에 태어난 펭귄과 물개 새끼들은 어느덧 덩치를 키워 엄마 펭귄만큼 자랐으니 먼 길을 갈 수 있어. 철새도 보금자리를 떠나 북쪽 하늘 멀리 날아가고.

이처럼 남극 세종기지의 봄, 여름, 가을은 대여섯 달 동안에 걸쳐 빠르게 진행되지. 그리고 4월부터 겨울이 시작돼. 이때부터 6개월 동안 남극에는 식물도 동물도 남아 있지 않아. 희끗희끗 보였던 땅도 다시 눈에 뒤덮이고, 기온도 영하 20도 정도로 뚝 떨어져. 어찌나 추운지 바다까지 꽁꽁 얼어붙을 정도야.

세종기지는 겨울이 되면 무척이나 한적해져. 여름철에 연구 활동을 하러 기지에 들어왔던 하계 대원들이 모두 돌아가거든. 20명 안팎의 월동 대원들만 남아서 세종기지를 지키며 오랜 시간을 보내야 해. 월동 대원들은 겨울철에는 되도록 기지 밖에 나가지 않아. 언제 눈폭풍에 휩싸일지 모르고, 또 잘못하면 동상에 걸리기 때문이지. 하지만 바람이 잦아들고 해가 쨍쨍한 날에는 대원들끼리 세종기지 앞바다에서 얼음을 뚫고 실험에 쓸 남극 물고기를 채집하고, 경사가 완만한 언덕에서 눈썰매와 스키를 타기도 한대.

남극일보

남극을 찾은 위대한 탐험가들

사람들은 오래전부터 남극 탐험을 꿈꿨어.

상상 속 대륙, 남극

펭귄과 빙하와 눈의 나라인 남극은 어디에 있을까? 남극은 사람들이 사는 문명의 땅으로부터 아주 멀리 떨어져 있어, 얼마 전까지만 해도 그 존재가 알려지지 않았다. 하지만 아주 오래전부터 남극이 존재할 것이라고 믿는 사람들이 있었다.

고대 그리스 사람들은 남쪽에 알려지지 않은 땅이 있을 것이라고 생각했다. 어떻게 가 보지도 않은 남극이 있다고 생각했는지 아직도 풀리지 않는 수수께끼다. 고대 그리스 사람들 가운데 일부는 남극이 문명 세계로부터 떨어져 나온 아틀란티스라고 생각했다. 고대 그리스인들에게 남극은 상상의 땅이었던 셈이다. 아주 가까운 곳에만 갈 수 있는 배와 항해 기술을 지녔던 고대인들에게 남극은 가고 싶어도 갈 수 없는 땅이었다. 설령 남극에 갔다고 해도 아마도 추운 날씨에 모두 얼어 죽었을 것이다.

상상 속의 남극은 언제 누구에 의해 처음 발견됐을까? 남극을 처음 발견한 탐험가는 영국의 윌리엄 스미스 선장이다. 스미스 선장은 1819년 서남극의 남셰틀랜드 군도를 발견했다. 그 뒤로 제정 러시아의 벨링스하우젠과 미국인 파머도 남극을 찾았다.

아문센과 스콧, 그리고 섀클턴

남극 대륙을 횡단해서 극점에 처음 다다른 사람은 누구일까? 바로 노르웨이 탐험가 아문센이다. 1911년 12월 14일, 아문센이 이끄는 원정대는 갖은 어려움을 이겨 내고 세계 최초로 남극점에 깃발을 꽂았다. 북극 노르웨이 니알슨 기지에는 아문센을 기리는 동상이 세워져 있다.

영국의 스콧 대령도 아문센과 비슷한 시기에(한 달 정도 늦게) 남극점에 도착했다.

아문센은 아 재빠르게 움직 최초로 남극점 다다랐어.

남극일보

아문센과 스콧 대령은 누가 먼저 남극점에 다다를지를 놓고 경쟁을 펼쳤다. 남극 탐험을 먼저 준비한 건 스콧 대령이었다. 스콧 대령은 70명이 넘는 대원들과 그들이 먹을 식량을 비롯해 갖가지 짐을 조랑말이 끄는 썰매에 가득 실은 채 출발했다.

스콧 대령은 꼼꼼하게 남극일지를 기록했어.

복하고 돌아오는 길에 최악의 날씨를 만나 모두 죽었다는 사실이다.

사람들은 남극점 탐험에 조랑말 썰매를 끌고 간 스콧 대령의 책임이 크다고 지적한다. 아문센처럼 목표를 향해 가장 빠르고 효율적으로 움직이지 못했다는 것이다. 하지만 스콧을 좀 다르게 바라보는 사람들도 있다.

아문센은 처음에는 북극점을 노렸다가 피어리가 이미 도착했다는 소식을 듣고 뒤늦게 남극으로 방향을 돌렸다. 아문센은 북극점 탐험을 준비하면서 극한의 환경을 헤쳐 갈 경험을 쌓았다. 에스키모의 생활 방식을 배우고, 개가 끄는 썰매에 최소한의 짐만 싣고, 가장 빠르고 건강한 대원들만을 데리고 움직였다. 그 결과는 성공이었다.

안타까운 것은 스콧 대령이 이끄는 탐험단이 남극점을 정

펭귄이 쓴 남극 일기도 곧 나와요.

줄간개념 이벤트

스콧 남극 일기

이 책을 구입하시면 남극 지도를 드립니다.

스콧 대령이 남극 탐험을 시작하며 쓴 일기 남극 탐험의 생생한 느낌이 살아 있어요.

남극일보

스콧 대령은 남극점을 누가 먼저 정복하느냐에는 별로 관심이 없었다. 그보다는 남극점의 지질과 기후 같은 자연 환경을 관찰하는 게 더 중요하다고 생각했다. 조랑말 썰매를 준비한 까닭도 남극점에서 채취한 암석 표본을 싣고 오기 위해서였다. 실제로 스콧 대령이 죽음에 이르면서도 버리지 않았던 짐에는 남극 화석을 비롯해 다양한 암석 표본과 남극의 대기를 관측한 기록들이 들어 있었다.

단순히 남극점을 빨리 정복하는 데에만 집중한 아문센보다, 남극점을 탐험하는 원래 의미를 끝까지 지킨 스콧 대령에게 더 눈길이 가는 건 왜일까. 스콧 대령은 남극 탐험을 시작해서 죽기 직전까지 상황과 생각을 글로 남겼다. 여기에는 동료에 대한 우정과 배려, 난관을 극복하려는 강인한 의지가 담겨 있다.

어니스트 섀클턴

남극을 탐험한 모험가를 이야기할 때 영국인 섀클턴도 빼놓을 수 없다. 1914년 8월, 섀클턴과 대원들을 태운 인듀어런스호는 남극의 얼음 바다에 갇혀 버렸다. 이때부터 섀클턴과 대원들은 남극의 매서운 날씨, 배고픔, 두려움과 싸워야 했다.

무려 600일 동안의 사투 끝에 그들은 극적으로 살아남았다. 더더욱 놀라운 건 그 오랜 시간 동안 단 한 명의 대원도 목숨을 잃지 않았다는 사실이다. 무엇보다 섀클턴의 뛰어난 지도력 때문이었다. 섀클턴은 권위를 앞세우지 않았고, 어떤 어려움이 닥쳐도 희망의 편에 섰고, 궂은 일을 도맡아 했다. 그러니 대원들은 흔들림 없이 섀클턴을 믿고 따르며 함께 기적을 일궈 낼 수 있었다. 요즘에도 많은 기업과 조직에서는 섀클턴의 지도력을 연구하고 배우고 있다.

인듀어런스 호는 얼음에 갇혀 버렸어.

섀클턴은 어떤 어려움에도 좌절하지 않고 대원들을 끌어안았어.

남극일보

허영호

박영석

오은선

엄홍길

남극점에 다다른 우리나라 탐험가들

우리나라 사람 가운데 남극점에 가장 처음 다다른 사람은 누굴까? 바로 1994년 1월에 남극점에 깃발을 꽂은 탐험가 허영호다. 허영호는 또 1995년 12월 남극 최고봉인 빈슨메시프 산을 올랐다. 빈슨메시프 산은 4,897미터로 에베레스트(8,848미터)보다 4,000미터가량 낮지만 아주 추운 남극 대륙에 있어 에베레스트를 정복하는 것만큼이나 힘들다. 이로써 허영호는 8,000미터가 넘는 히말라야 14개 봉우리, 7개 대륙의 최고봉, 남극점과 북극점을 모두 오른 세계 최초의 사람이 되었다.

두 번째로 남극점 탐험에 성공한 사람은 박영석이다. 박영석은 네 명의 대원을 이끌고 2004년 1월 12일 남극점에 도착했다. 우리나라 여성으로는 산악인 오은선이 2004년 12월에 처음 빈슨메시프 산 정상에 올랐다. 뒤이어 세계 최초로 히말라야 16개 봉우리 등정에 성공한 엄홍길도 2007년 12월 빈슨메시프 꼭대기에 태극기를 꽂았다.

이 책을 읽는 독자들도 언젠가 남극 탐험에 도전해 보기 바란다.

2... 남극에는 누가 살까

남극의 신사 펭귄

북극을 대표하는 동물이 북극곰이라면 남극은 펭귄이야. 아저씨가 칠레 프레이 기지에 내려서 가장 먼저 본 동물도 펭귄이었어. 바닷가에서 보트를 기다리고 있는데 펭귄 두 마리가 바다에서 올라왔어. 자연 상태에서 펭귄을 본 건 그때가 처음이었어. 배에는 하얀색 털이 촘촘히 나 있고 등은 까만색 털로 뒤덮여 있었어. 마치 결혼식장에서 연미복을 입은 신랑 같았지. 이 녀석들은 사람이 다가가도 크게 무서워하지 않았어. 다만 너무 가까이 다가가면 바다로 슬쩍 들어갔다가, 사람이 물러나면 다시 나와서 놀았어.

아빠는 새롭기에 도착한 다음 날 연구원을 따라 펭귄마을로 가기로 했어. 펭귄마을은 세종기지에서 2킬로미터 가량 떨어져 있어. 이름 그대로 펭귄들이 모여 사는 곳이야. 2009년에는 펭귄마을이 남극특별보호구역으로 지정되었어. 그만큼 보존할 가치가 큰 곳이라는 얘기지. 펭귄 마을에는 아직 잘 알려지지 않은 동물들이 살고 있어. 정확한 숫자를 헤아릴 수는 없지만 펭귄만 해도 수만 마리가 모여 살고 있대.

펭귄들이 뒤뚱뒤뚱 줄지어 바다로 향하네!

모두 어디 가는 거야?

고 있었어. 아저씨는 그곳에 핀을 대어 이리저리 재봉았어.

물풍에 들어갔어. 마네킹에게 새로 입힐 옷감을 고르면서 마가렛은 이 옷감도 만져보고 저 옷감도 만져봤어. 승숭숭하게 털이 일어난 것도 있고, 매끈매끈 반들반들한 것도 있고, 까끌까끌 꺼칠꺼칠한 것도 있어. 예뻐 쁠만큼 고운 색도 있고 마음에 쏙 드는 무늬도 있었어.

그런 중 마가렛의 시선을 확 사로잡는 강렬한 빨간색 천이 있었지. 잠깐 망설었어. 빨강은 자신이 가장 싫어하는 색 말이거든. 빨간색을 보면 항상 기분이 나빠지고 몸이 움츠러들었어. 수줍음 때문인지 화가 났을 때문인지 왈칵 울음이 터질 때도 있었어. 머리 끝까지 빨갛게 달아올라서 얼굴을 들 수 없었던 적도 많아. 빨간색은 딱 한 가지를 빼고는 정말 싫은 색이야.

빨간색도 종아하는 단 한 가지는 바로 새봄을 알리기도 해.

가 기뻐서 발갛게 물들어 동지들을 종치는 거지. 그래서 가지들은 서로 그 빨개진 동쪽에 눈을 마주보며 말해. "엄마, 우리 곧 돋아이를 낳는대." 그러면 옆에 피어 있던 눈들은 기뻐하며 꽃잎을 다른다. "와! 우리에게 동생이 생기는구나!" 그러다 동들이 신기장장지 그리고 날개가 다 자라고 나면 드디어 꽃잎들을 말아 벌리기 시작해. 미안하게 말고 조심스럽게. 아이들은 울다 깨지 안 되니까. 꽃들은 정말 조심스럽게 아이들을 꺼내. 잔뜩 웅크러서 몸이 빨갛게 달아오른 것처럼. 봄꽃들의 공동이 40도 정도로 올라가나 마찬가지. 햇빛을 모아 아기들을 사랑스럽게 돌보다. 그 모습이 마가엣에게는 어떻게 보였을까? 음, 울음 터 터뜨리기 직전의 자기 얼굴처럼 보였어. 마가렛은 그런 꽃을 보면 매번 얼굴이 빨개지고, 눈물이 날 것 같은 기분이 됐어. 그 모습을 보고 이웃집 아저씨 돈 심어 자꾸 달아오르는,

일본 과학자가 물고기 배 속에서 아델리 펭귄의 털로 보이는 깃털을 아기 펭귄이 자라면서 털갈이를 하는데, 그때 나온 깃털이 물에 떠다니다가 물고기 배 속으로 들어간 것이다. 아홉, 아기가 자라면서 마음에 드는 짝이 찾기도 한다. 그 것이 18종이고, 오늘날 남극에 사는 펭귄은 모두 7종이다. 그중 황제펭귄과 아델리펭귄은 남극 대륙에서 살고, 턱끈펭귄과 젠투펭귄은 남극 반도와 그 주변 섬에서 산다. 마카로니펭귄과 임금펭귄은 남극에서 조금 떨어진 섬에서 살고, 바위뛰기펭귄은 남극보다 훨씬 북쪽에 있는 섬에서 산다.

곧 남극에 사는 펭귄도 훨씬 많았다. 옛날 옛적에는 지금보다 더 많은 종의 펭귄이 살았다. 과학자들이 남극에서 펭귄 화석을 발굴했는데, 몸집이 사람만 한 펭귄도 있었다. 지금까지 찾아낸 펭귄 화석은 모두 30여 종이다. 그런데 오늘날에는 펭귄이 열여덟 종만 살고 있다.

그리고 수수께끼 같은 일도 있다. 남극 바다에서 잡은 물고기 배 속에 펭귄 깃털이 들어 있기도 한다. 어떻게 물고기가 펭귄의 깃털을 먹었을까?

재미있게도 펭귄 종류가 참 많다.

남극에 사는 펭귄들

바위뛰기펭귄 마카로니펭귄 턱끈펭귄 젠투펭귄 아델리펭귄 임금펭귄 황제펭귄

깊 마디로 안수용 부자 이야 새 갇 없이 어마 새끼들을 때이에 아이에
같수가가 수마니가 그다. 없어 할 수 없는 아기라 장치구
이를 새에 다해서 새끼들 자리터지 가마자기 다 어머 새끼 둘
를 없어이. 엄마 새 짹짹 우짖어리는 새끼들 떠 나 있 집 근처 플
푸른 베찾아. 같은 마른 짚가리 이 말캉말캉 음식 가저 새에
한 번 없어.

엄마 새가 열심히……. 엄마 음 타려고 다가오는 새끼 돌르고 오 단
플을 떼에 버티고 올 훌훌 타버리고 그 꼬마를 순두부 사내는 그 모든이
말없이 다 가가가 트렁풀트뜯어 엉덩이 뜸이를 다라 하는 엄마 있어. 엄마
근 그를 새끼들에게 잃지 않고 제때 가져 다 주는 거재.

애용 아갈지 날지 엄마 울음을 믿고 있었음. 때에 가지 곧 멀리 양 열기
들이 옮겨옮겨 음을 가지고 왔어. 민 가지도 새쌔가 음
는 깡관을 다 버러미서. 여이 깡관을 얻은

어넣었어. 어미가 반쯤 소화해서 뱉어 낸 크릴을 받아먹고 있었던 거야.

 일본 과학자는 둥지로 조심스레 가더니 어미 펭귄과 새끼 펭귄을 한 마리씩 끌어안고 왔어. 어미 펭귄의 무게를 재기 위해서래. 어미 펭귄 무게를 재는데 왜 새끼 펭귄까지 데려왔느냐고? 새끼 혼자 남겨 두면 다른 어미들 부리에 쪼여 다치거나 생명을 잃을 수도 있거든. 게다가 새끼 펭귄을 먹이로 삼는 남극도둑갈매기(스쿠아)가 호시탐탐 노리고 있기 때문이야.

 일본 과학자는 새끼를 가방 속에 넣어 둔 다음, 어미의 체중을 쟀어. 가방 속의 새끼 펭귄은 정말정말 귀여웠어. 사진을 찍으려고 하는데, 새끼가 겁을 먹었는지 자그마한 부리로 막 쪼려고 했어. 아직 작고 약한 부리를 가진 새끼라서 겁은 나지 않았지만 펭귄이 놀랄까 봐 사진 찍는 걸 포기했어.

과학자를 도와준 뒤 펭귄 마을을 둘러보는데, 여기저기 빈 둥지가 보였어. 알이나 새끼를 남극도둑갈매기에게 빼앗긴 어미들이 버린 둥지래. 새끼를 빼앗긴 어미 펭귄들은 둥지에서 떨어진 곳에 모여 있는데 별로 힘이 없어 보였어. 참 안됐더라고.

무법자 남극도둑갈매기

세종기지 주변에는 남극도둑갈매기가 많이 살아. 약간 굽은 부리는 날카롭고, 짙은 갈색 털로 뒤덮인 몸집은 꿩보다 조금 더 커 보였어. 발에 물갈퀴가 있다는 점만 빼면 영락없이 독수리처럼 생겼어.

하는 짓도 독수리와 비슷해. 녀석들은 하늘을 어슬렁거리며 날아다니다가 펭귄이나 남극제비갈매기의 알과 새끼를 훔쳐 먹어. 그래서인지 남극도둑갈매기가 떴다 하면 펭귄 무리는 고개를 바짝 들고 협박하듯이 '깩깩' 울어. 그러거나 말거나 남극도둑갈매기는 펭귄 알이나 새끼를 훔치기 전까지는 절대로 물러서지 않아. 새끼를 품고 있는 어미들이 부리로 쪼며 위협해도 도망가지 않고 훔칠 기회만 노리지. 남극도둑갈매기가 한 마리일 때는 그나마 새끼를 지킬 가능성이 높지만, 두 마리가 한꺼번에 덤빌 때는 속수무책으로 새끼를 빼앗기는 일이 많아. 한 마리가 펭귄 어미를 유인하는 동안 다른 한 마리가 새끼를 얼른 낚아채 달아나거든. 그럼 어미 펭귄을 유인했던 다른 녀석도 훔친 먹이를 나눠 먹으려고 얼른 날아가 버려. 이처럼 두 마리가 함께 작전을 펴는 경우는 대부분 부부래.

남극도둑갈매기는 사람도 겁내지 않아. 녀석들은 세종기지 옆 연못에도 많이 사는데, 사람이 다가가도 본체만체해. 그러다가 아주 가까이 가서 손짓을 해야 마지못해 날갯짓을 몇 번 하면서 슬쩍 자리를 옮길 뿐이지. 대놓고 사람을 무시하는 것 같더라고. 사실 세종기지는 남극도둑갈매기에게 아주 좋은 놀이터이자 사냥터야. 녀석들은 상자나 비닐봉지를 부리와 발톱으로 찢은 다음 그 안에 든 음식물을 훔쳐 가곤 했어.

남극도둑갈매기는 재빠르고 힘도 세.

펭귄 살려! 제발 내 손을 놓으란 말야!

한번은 이런 일도 있었어. 새벽에 일어난 아저씨는 기지 뒤편 눈 덮인 산을 사진기에 담으려고 숙소를 나섰어. 한참 오르막을 걷고 있는데, 어디선가 남극도둑갈매기가 날카롭게 울어 대는 소리가 들리는 거야. 어디에서 들리는 소린지 몰라 주변을 두리번거리다 비로소 소리의 주인공을 발견했어. 이 녀석은 길가 돌더미 사이 움푹 파인 곳에 쪼그려 앉아 있었어. 한눈에 보기에도 알을 품고 있는 모습이었어. 아저씨는 크게 신경 쓰지 않고 가던 길을 계속 갔어.

그런데 거리가 좁혀질수록 녀석은 더 신경질적으로 울어 댔어. 그때 어디서 나타났는지, 다른 한 마리가 나를 공격하기 시작했어. 처음에는 머리에서 한참 떨어진 위를 날더니, 다음번에는 부리로 머리를 쪼려는 듯 낮게 날아 곧장 달려드는 거야. 아저씨는 깜짝 놀랐어. 녀석에게 쪼이지 않도록 챙이 달린 모자 위에 방한복에 달린 모자까지 뒤집어썼어. 조금 뒤에는 돌더미 사이에 앉아 있던 녀석까지 함께 나를 공격했어. 한 마리도 겁이 나는데 두 마리가 한꺼번에 덤비다니! 아저씨는 어쩔 수 없이 사진 찍는 것을 포기하고 산을 내려가야 했어.

 기지에 돌아와 아침을 먹다가 그 얘기를 했더니, 과학자 한 분이 남극도둑갈매기가 원래 무척이나 사나운 새래. 남극에는 천적이 없고 먹이사슬에서 가장 높은 자리를 차지한대. 그 과학자도 남극도둑갈매기를 연구하면서 셀 수 없이 공격을 당했다고 해.

 이처럼 사나운 남극도둑갈매기도 호락호락하지 않는 새가 있어. 바로 남극제비갈매기야. 흰 깃털과 붉은 부리를 지닌 남극제비갈매기는, 모양은 제비랑 비슷하지만 크기는 비둘기만 해. 남극제비갈매기도 남극도둑갈매기처럼 철새야. 여름에 남극에서 알을 낳아서 새끼를 기르다가 추운 겨울이 되면 아프리카나 남아메리카로 건너가지. 남극도둑갈매기에 견주어 덩치는 작지만 싸움은 전혀 뒤지지 않아. 남극도둑갈매기가 새끼나 알을 훔치기 위해 둥지를 기웃거리면 잽싸게 날아올라 공격해. 잠시도 주저하지 않아. 덩치가 큰 남극도둑갈매기는 나는 모습이 힘차고 안정적이지만 남극제비갈매기처럼 재빠르게 방향을 바꾸지 못해. 특히 남극제비갈매기 여러 마리가 함께 공격하면 남극도둑갈매기는 도망치기에 바빠. 덩치가 작은 남극제비갈매기에 호되게 당하는 남극도둑갈매기를 보고 있자니 속이 다 후련하더라고!

잠꾸러기 물범

바다에 떠다니는 유빙 위에는 가끔 물범이 한두 마리씩 올라가 있곤 했어. 바닷속에서 사냥을 하다가 잠시 쉬고 있는 거래. 우리는 물범을 가까이 보기 위해 보트를 타고 바다로 나가기도 했어.

한번은 펭귄 마을에 가다가 물범 중에서 성격이 가장 순하다는 웨델물범을 만났어. 얼굴이 시골 할아버지처럼 친근하게 생겼어. 기다란 하얀 수염도 멋지게 나 있고. 꼬리는 물고기 지느러미처럼 생겼어. 가장 눈에 띄는 건 허리가 엄청 길다는 점이야. 허리가 얼마나 긴지 전체 몸길이의 3분의 2를 차지할 정도야. 그래서 몸이 균형이 맞지 않는 것처럼 보여. 허리길이가 절반쯤 줄면 표범이나 강아지처럼 비례가 맞을 것 같은데 말이야. 하지만 물범의 기다란 허리는 바닷속을 누비는 데 더할 나위 없이 좋은 조건일 거야. 길고 날렵한 허리로 물살을 가르는 모습을 떠올려 봐. 물범의 긴 허리는 환경에 적응하기 위한 진화의 결과물이 분명해.

웨델물범은 남극의 다른 동물처럼 사람이 다가가도 별로 신경을 쓰지 않아. 살짝 다가갔더니 '응, 너 왔니.'하고 인사하듯 한번 쳐다보고는 다시 배를 깔고 눈을 감더라고. 좀 더 가까이 다가갔더니 빤히 쳐다보며 '나 쉬어야 하니까 가까이 오지 말고 그냥 멀리서 구경하다가 가렴.' 하는 표정을 지었어. 물범의 눈치를 살피며 그 자리에 가만히 서 있었더니, 녀석은 금세 눈을 감고 코를 드르렁 골더라고.

이번에는 좀 더 용기를 내서 물범에게 가까이 다가가 보았어. 그러자 물범이 눈치를 채고는 움직였어. 허리를 꿈틀거리며 바닷가로 도망을 가는데 속도가 별로 빠르지 않았어. 사람이 천천히 걷는 속도나 될까. 하지만 바다에 들어간 물범은 순식간에 저 멀리 사라져 버렸어. 한번은 물범이 바닷속에서 먹이를 잡는 모습을 얼핏 본 적이 있는데 정말 빠르게 움직였어.

물범은 매서운 바람과 차가운 눈에도 전혀 추위를 타지 않고 편안하게 휴식을 즐겨. 살갗 바로 밑에 두터운 지방층이 있어서 추위를 막아 주는 거래.

세종기지 주변에는 다양한 종류의 물범이 살아. 기지 주변에서 자주 눈에 띄는 웨델물범이나 게잡이물범을 비롯해서 성질이 무척 사나운 표범물범, 코가 코끼리처럼 길게 생긴 코끼리물범도 있어. 이 가운데 크릴새우나 물고기를 잡아먹는 웨델물범과 게잡이물범은 성질이 온순하지만, 나머지는 사나워. 덩치도 커서 키가 2미터를 넘고, 무게도 적게는 몇 백 킬로그램에서 많게는 1톤을 넘기는 녀석들도 있대.

그중에서도 표범물범은 주로 펭귄을 잡아먹고 사는데, 이름에 걸맞게 성질이 사나워 가끔씩 사람을 공격하기도 해. 땅에서도 움직임이 빠르지만, 특히 바닷속에서 공격 대상이 되면 피할 길이 없대. 실제 이 녀석에게 물린 외국인 과학자들도 꽤 여럿이래. 물범이 사람을 공격하는 이유는, 사람을 펭귄으로 착각했기 때문이야. 말하자면 먹잇감으로 생각한 거지. 다행히 세종기지에서는 표범물범한테 공격을 당한 경우가 한 번도 없대.

남극 물범은 대부분 수컷 한 마리가 여러 암컷을 데리고 살아. 예를 들어 코끼리물범은 수컷들끼리 싸움을 벌여서 마지막에 이긴 한 마리가 많게는 백 마리나 되는 암컷을 거느리기도 해. 젖먹이동물 가운데 물범처럼 수컷 한 마리가 많은 암컷을 거느리는 경우는 드물어. 왜 이런 형태로 무리를 이루는지 정확히 알 수는 없어. 다만 강한 유전자를 가진 새끼를 낳아 무리를 널리 퍼트리기 위해서일 거라고 짐작할 뿐이지.

그런데 수컷과 암컷이 일부일처제를 이루어 사는 물범도 있어. 바로 남극에서 개체수가 가장 많은 게잡이물범이야. 또 하나 재미있는 점은, 게잡이물범은 이름과 다르게 크릴만 잡아먹고 산다는 거야.

세종기지에 오랫동안 지내 온 대원 말로는 펭귄 마을 너머에 코끼리물범이 열 마리 정도 모여 사는 물범 마을이 있대. 아저씨는 코끼리물범이 보고 싶어 벼르고 벼르다가 드디어 연구원을 따라 물범 마을에 갈 수 있었어. 물범 마을에서 가장 처음 눈에 띈 건 작고 귀여운 새끼들이었어. 험상궂은 어미와 전혀 다르게 여리고 순한 모습에 한눈에 반했지. 코끼리물범은 10월 중순에 새끼를 낳아. 갓 태어난 새끼의 무게는 30~40킬로그램 정도 나간대. 새끼치고는 제법 크지. 하지만 옆에 있는 어미가 너무나 커서 새끼 코끼리물범이 앙증맞아 보였던 거야.

그 모습이 정말 귀여워서 사진을 찍으려고 나도 모르게 다가가려 했어. 그러자 같이 간 대원이, 자칫하다가는 어미 코끼리물범한테 공격받게 된다며 말렸어. 코끼리물범은 원래 성질이 거친 데다가 새끼를 기를 때는 더욱 날카롭고

사납대. 아쉽지만 먼발치에서 코끼리물범 무리를 보는 것으로 만족해야 했어. 어미 코끼리물범은 이상한 낌새라도 느끼면 '끼이잉' 소리를 내며 주위를 두리번거렸어. 그 울음소리는 듣는 것만으로 소름이 돋을 정도로 무서웠어.

　물범과 비슷하게 생긴 남극물개도 세종기지 주변에서 가끔 볼 수 있었어. 남극물개는 성질이 사납고 땅에서도 아주 빨라. 그러니 달리기에 자신 있는 사람도 조심해야 해. 아무 생각 없이 다가갔다가 물개가 갑자기 덤비면 꼼짝없이 물릴 수 있거든. 게다가 남극물개는 바위와 색깔이 비슷해. 그러니 바닷가 바위 근처를 돌아다닐 때는 특별히 신경을 써서 살펴야 해.

끼이잉~ 날 귀찮게 하지 마!

지구에서 가장 큰 동물, 대왕고래

　남극에 여름이 오면 아주 가끔 바람이 잔잔하고 구름이 없는 따뜻한 날이 있어. 그런 날에는 세종기지 앞 마리안 소만에서 멋진 풍경이 펼쳐져. 바로 마리안 소만에 있는 크릴을 잡아먹기 위해서 들어오는 대왕고래(흰수염고래)를 볼 수 있거든. 대왕고래가 나타났다는 소식이 들리면 세종기지 대원들은 모두 사진기를 들고 바닷가로 우르르 몰려 나가.

대왕고래는 '푸우' 하는 거대한 소리와 함께 물줄기를 뿜어내기도 하고 물 밖으로 꼬리를 내보이기도 해. 아저씨는 동물원에서 돌고래를 본 적은 있지만 실제로 바다에서 헤엄치는 커다란 고래를 보기는 처음이었어. 그것도 고래 중에서 가장 큰 대왕고래를 보니 정말 신기했어. 대왕고래는 다 자라면 길이가 30미터가 넘고 무게도 130톤이 넘어. 지구상에서 가장 큰 동물이야.

고래가 어떻게 크릴을 잡아먹는지 아니? 대왕고래는 이빨이 없는 대신 그 자

리에 커다랗고 가느다란 수염이 촘촘하게 나 있어. 대왕고래는 바닷속을 헤엄치다가 크릴이 무리 지어 있는 곳에 이르면 커다란 입으로 바닷물을 한껏 들이켜. 그러고는 다시 물을 뱉어내면서 촘촘히 나 있는 수염으로 크릴을 걸러 내는 거지. 부엌에서 작은 알맹이를 씻어 거를 때 쓰는 체와 비슷한 원리야.

 대왕고래가 가끔 물 밖으로 모습을 보이면 바닷가에 모인 대원들은 저마다 사진기를 누르느라 정신이 없었어. 고래 몸에는 따개비처럼 생긴 것들이 많

이 붙어 있었어. 덩치가 크고 나이를 많이 먹은 고래일수록 따개비가 많이 붙어 있지. 거기 붙어 있는 따개비는 고래를 바닷가 바위쯤으로 여기고 있을 거야.

대왕고래는 멸종 위기에 놓여 있어. 고기와 기름(향유)을 얻으려는 사람들이 고래를 마구 잡았기 때문이야. 특히 세종기지가 자리 잡고 있는 남셰틀랜드 군도의 킹조지 섬 근처에는 고래가 많아서 최근까지도 고래잡이배들이 자주 드나들었대. 지난 1986년부터는 전 세계 바다에서 상업적인 목적으로 고래를

잡지 못하게 했지만, 지금도 남 몰래 고래잡이를 하고 있는 사람들이 많아.

그래서인지 세종기지 주변에서는 고래 뼈를 어렵지 않게 볼 수 있었어. 고래잡이가 한창이던 시절에 고래를 잡아서 섬에서 뼈를 발라냈거나, 작살을 맞고 도망간 고래가 나중에 죽어서 바닷가로 떠밀려 왔거나, 아니면 자연스레 늙어 죽은 고래의 흔적일 수도 있겠지.

한번은 우루과이 아르티가스 기지를 방문했는데, 거기 입구에서 고래 모양으로 잘 맞춰 놓은 뼈를 봤어. 우루과이 대원들이 뼈를 모아 맞춰 놓은 거래. 비록 여기저기 뼈가 없어진 부분도 있었지만 또렷하게 고래 모양을 띠고 있었어. 덕분에 고래 뼈의 구조를 어느 정도 알 수 있었어. 그렇게 맞춰 놓지 않았으면 고래 전문가가 아닌 사람은 어디가 목 부분이고 어디가 허리 부분인지 구분하기가 쉽지 않아.

나중에 펭귄 마을 가는 길에서도 고래 뼈들을 몇 번 보았어. 뼈에는 이끼가 잔뜩 끼었고 작은 구멍이 수도 없이 나 있었어. 아저씨는 뼈를 모아서 고래 모양으로 맞춰 보려고 했어. 하지만 뼈가 몇 개 없고 눈과 바람에 많이 깎여 나가서 좀처럼 조립할 수 없었어.

세종기지 컨테이너 창고 앞에서도 고래 등뼈를 봤어. 관절과 관절 사이의 뼈였는데 의자로 써도 될 만큼 크고 평평했어. 아참, 푼타아레나스 자연사 박물관에서 아주 특이하게 생긴 의자를 봤는데, 이제 생각해 보니 고래 등뼈로 만든 게 틀림없어.

놀라운 생존력을 지닌 남극대구

　남극에서 생활은 정말 신나고 멋진 일로 가득해서 하루 스물네 시간으로 부족할 정도였어. 그 가운데서 연구원을 따라 낚시를 갔던 일도 아주 재미있었어. 실험에 쓸 남극 물고기를 채집하기 위해서였지. 차갑고 무서운 남극 바다에서 웬 낚시냐고? 나도 그 일을 겪기 전까지는 까마득히 몰랐어.

　남극 생활에 웬만큼 적응해 가던 어느 날이었어. 세종기지 대원들이 낚시를 가자는 거야. 추운 남극에서 웬 낚시? 놀랄 겨를도 없이 대원들을 따라 나섰어. 알고 봤더니 실험용 남극대구를 잡으러 가는 길이었어. 낚시를 무척 좋아하는 아저씨는 무서움을 무릅쓰고 보트를 탔어. 매서운 바람과 일렁이는 파도를 가르며 도착한 곳은 바로 펭귄 마을 앞바다. 이곳은 다른 곳보다 해조류가 많이 자라고 있대. 해조류가 많은 곳은 먹이가 풍부해. 또 해조류 숲은

물살도 빠르지 않고 몸을 숨길 수 있어 살기에 적당하지. 곧 물고기가 살기 좋은 환경이라는 얘기야.

대원들은 우선 밧줄로 바위를 꽁꽁 동여매어 보트를 고정시켰어. 그러고는 본격적으로 낚시할 준비를 했지. 대원들이 꺼낸 낚싯대는 너무 오래돼서 제대로 작동하는 게 없었어. 낚싯줄은 보통 바다낚시에 쓰는 줄보다 훨씬 두꺼웠고, 봉돌이 있어야 할 자리에는 커다란 암나사가 끼워져 있었어. 게다가 낚싯바늘은 가운뎃손가락만큼 크고 볼펜심처럼 굵었어. 세상에, 미끼로는 고깃덩어리를 준비해 왔더라고! 상어를 잡으려고 그러나 싶었지.

아저씨가 놀라는 표정을 짓자, 한 대원이 낚시채비를 넘겨주며 이게 다 남극대구를 잡기 위해서래. 남극 바다는 물살이 빨라 암나사를 달아야 하고, 고깃덩어리는 남극대구가 좋아하는 먹잇감이라는 거야. 아무리 그래도 이런 낚시채비로 물고기를 한 마리라도 잡을 수 있으려나 걱정되었어. 어휴, 그래도 어쩌겠어. 바다에 뛰어들어서 잡을 수는 없잖아.

속는 셈치고 도톰한 고기 미끼를 바늘에 끼워 바다에 집어던졌어. 굵은 낚싯줄이 25미터 가량 풀려 나갔어. 생각보다 깊지는 않았어. 그런데 한동안 낚싯대를 살짝 들었다 놨다 해도 입질이 없는 거야. 차가운 바람은 사정없이 뺨을 때리고, 보트는 파도에 기우뚱하고, 게다가 물살이 빨라 물살에 봉돌이 흘러가는 건지 아니면 남극대구가 입질을 한 것인지 구분할 수가 없었어.

그렇게 한참이 흘렀어. 낚시는커녕 무사히 돌아갈 수 있을지 걱정하고 있는데, 뭔가가 낚싯대를 톡톡 건드리는 느낌이 났어. 낚싯줄이 팽팽해지면서 심하게 움직였어. 뭔가가 미끼를 문 거야. 바닷속 녀석은 도망가려고 힘을 썼지만 아저씨는 오랫동안 갈고닦은 경험으로 능숙하게 낚싯줄을 감아 올렸어. 팽팽한 싸움 끝에 드디어 녀석이 모습을 드러냈어. 30센티미터나 되는 남극대구였어!

기다렸다는 듯이 다른 대원들도 남극대구를 잡아 올리기 시작했어. 한 시간도 안 돼서 무려 40마리 넘게 잡혔어. 우리는 마치 개선장군처럼 으쓱대며 돌아왔어. 연구용으로 쓸 남극대구는 10여 마리, 나머지는 어디에 쓸까? 그날 오후에 세종기지 식당은 유난히 많은 사람들로 북적거렸어, 히히.

남극의 바닷물 온도는 영하 1도에서 영상 2도 정도 돼. 보통 물고기는 이 정도 수온이면 피가 얼어붙어서 죽는다고 해. 하지만 남극 바닷속에는 수많은 물고기들이 보란 듯이 생태계를 이루며 살고 있어. 도대체 어떻게 차가운 남극 바다에서 물고기들이 살아갈 수 있을까?

남극 물고기는 핏속에 신기한 성질의 단백질이 들어 있대. 이 단백질은 낮은 온도에서 피가 얼어붙는 걸 막아 줘. 또 남극 물고기는 따뜻한 바다에 사는 물고기에 견주어 신진대사를 훨씬 적게 한대. 말하자면 에너지를 최대한 적게 사용하면서 살아가는 거지. 이러한 특성 때문에 물고기들은 거의 얼기 직전의 수온에서도 견뎌 낼 수 있어. 최근에는 남극대구의 한 종이 겨울잠을 잔다는 연구 결과가 나오기도 했어. 겨울잠을 자는 물고기라니, 생명의 신비는 정말 놀라워!

이건 그야말로 빙산의 일각에 지나지 않아. 극한의 환경에 놓인 생명체들은 여전히 풀리지 않은 비밀을 많이 지니고 있어. 과학자들이 남극대구를 연구하는 것도 이런 이유에서야.

생태계의 바탕, 플랑크톤

여름철 세종기지에 들어오는 대원들 가운데는 잠수부들도 있었어. 잠수부들은 차가운 남극 바닷물에 들어가 동식물을 채집했어. 차가운 남극 바다에 아무런 거리낌 없이 뛰어드는 모습이 멋지기도 하고 부럽기도 했어. 하지만

아저씨는 끝내 잠수를 해 보지 못했어. 남극 바다를 잠수하려면 강철 같은 체력과 정신력을 지녀야 하고, 미리 전문적인 훈련도 받아야 해.

아무리 빼어난 잠수부라도 남극 바다에서 오랫동안 잠수를 하지는 못해. 바닷물이 너무나 차가워 체온이 급격히 떨어지기 때문이지. 체력 소모도 많아 보였어. 차가운 바닷속에서 채집 활동을 하다 보니 체력이 금방 바닥나는 거지. 그래서 잠수를 하고 나면 준비해 간 따뜻한 물에 발을 녹이고, 초코파이처럼 열량이 높은 비상식량을 먹었어. 잠수부들이 그처럼 고생을 하며 채집하는 건 무엇일까? 바로 남극 바다에 사는 많은 동식물이지. 남극 생태계를 연구하는 데 자료로 쓰일 동식물 말이야.

남극 바다에는 생각보다 훨씬 다양한 생명체가 살고 있어. 고래, 물범, 물개, 펭귄 같은 젖먹이동물, 남극대구와 남극빙어 같은 바닷물고기, 성게, 해삼, 말미잘, 불가사리, 갯지렁이, 삿갓조개, 흰띠조개, 오징어 같은 극피동물과 연체동물들이 살고 있지.

남극 바다의 생태계를 이야기할 때 해조류도 빼놓을 수 없어. 해조류는 얕은 바다 밑에서 자라면서 햇빛을 이용해 광합성을 하는 식물을 말해. 해조류는 몸에 지닌 색소와 생식 방법 등에 따라 녹조류, 황갈조류, 갈조류, 홍조류 등으로 나뉘는데, 세종기지 주변 바닷가에는 녹조류 다섯 종과 황갈조류 한 종이 살아. 특히 홀파래, 물집잎파래, 초록털말 같은 녹조류는 남극 바다뿐만 아니라 전 세계 바다에서 살고 있어. 때문에 같은 종이 서로 다른 지역과 환경에 따라 어떻게 모습을 바꾸었는지 연구하는 데 더없이 좋은 자료가 되지.

마치 숲처럼 무성하게 자라는 해조류는 바다 생물들에게 편안한 보금자리를 마련해 줘. 해조류는 원래 단세포의 식물플랑크톤이 진화된 형태의 바다 식물이야. 남극에 해양 생물이 풍부한 이유는 이 식물플랑크톤이 풍부하기 때문이지. 식물플랑크톤이 뭐냐고? 플랑크톤은 스스로 헤엄치지 못하고 물이 흐르는 대로 떠도는 자그마한 생물을 말해. 플랑크톤에는 식물플랑크톤과 동물플랑크톤이 있어.

식물플랑크톤은 식물처럼 햇빛을 받아 광합성작용을 하는데, 세균류만 한 크기에서부터 1밀리미터 크기까지 그 종류와 개체수가 엄청나게 많아. 사실 모든 생명이 여기에서 출발했고, 또 지금까지 가장 밑바탕에서 지구 생태계를 지탱해 주고 있어. 게다가 식물플랑크톤이 하는 광합성작용은 지구 전체 식물의 절반 이상을 차지해. 그러니까 우리가 호흡하는 산소의 절반 이상을 식물플랑크톤이 만들어 내는 거지.

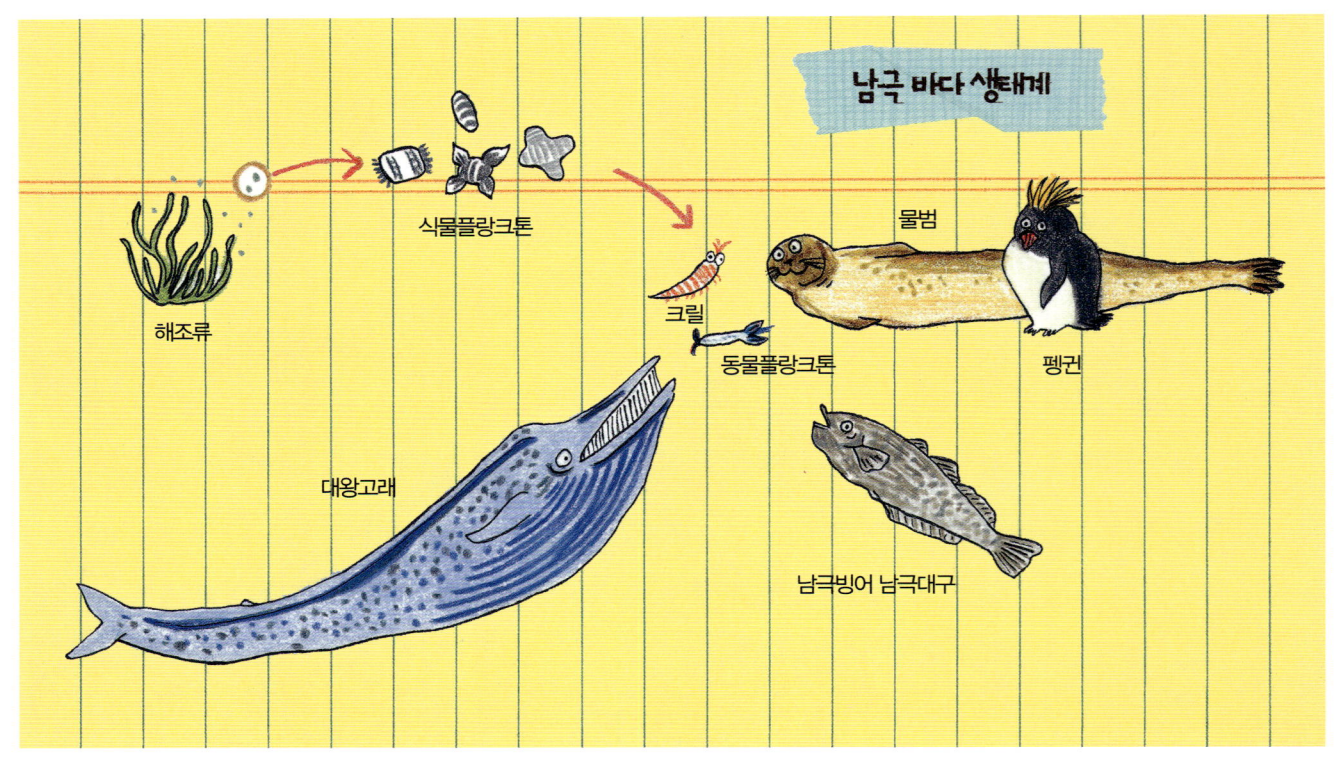

　동물플랑크톤은 스스로 광합성작용을 하지 못하고, 식물플랑크톤을 잡아먹으면서 살아. 동물플랑크톤도 단세포 생물부터 해파리류, 물벼룩류, 새우류에 이르기까지 종류가 다양해. 남극 바다를 이야기하면서 자주 등장했던 크릴도 바로 동물플랑크톤이야.

　이제 남극 바다에 왜 이처럼 다양한 생명들이 살아갈 수 있는지 알겠지? 남극 바다는 식물플랑크톤과 동물플랑크톤을 만들어 내는 거대한 보물창고야. 덕분에 물고기와 젖먹이동물은 풍부한 플랑크톤을 잡아먹고 살아갈 수 있어. 물론 이건 남극 바다의 생태계가 간직한 비밀의 아주 작은 부분에 지나지 않아. 플랑크톤만 해도 아직 발견되지 않은 종이 훨씬 더 많다고 해. 우리가 앞으로 더 풀어야 할 과제가 깊은 바닷속에 잠자고 있다는 사실! 어때, 마음이 설레지 않니?

남극에도 풀이 자란다

아저씨는 가끔 시간이 날 때 운동도 하고 주변 경치도 구경할 겸 세종기지 둘레를 찬찬히 걸어 다녔어. 그런데 하루는 산책을 나갔다가 모양이 이상하게 생긴 식물을 보았어. 돌에 달라붙어 있었는데, 작고 가느다란 나뭇가지 같기도 하고 산호 같기도 했어.

아저씨는 그 식물을 조금 뜯어서 식물을 연구하는 과학자에게 보여 줬어. 그러자 그분은 갑자기 목소리를 높였어. 그 식물이 그만큼 자라려면 10년 넘게 걸리는데 함부로 뜯으면 어떡하냐고……. 겨우 새끼손가락만 한 줄기 하나가 자라는 데 10년이라니! 아저씨는 호기심에 생각 없이 식물을 꺾은 게 창피하고, 그 식물에게 미안하기도 했어.

한참 혼이 난 뒤에 들으니, 아저씨가 뜯어 간 식물은 우스네아라는 지의류래. 지의류는 바위나 나무 같은 곳에 붙어사는데, 균류(스스로 광합성을 하지 못하며 생물체나 유기물에 붙어사는 생물군)와 조류(뿌리, 줄기, 잎 등이 구별되지 않고 꽃이나 열매를 맺지 않으며 씨앗주머니를 번식하는 식물군)가 한 몸에서 공생하는 식물이야. 그러니까 균류는 조류를 감싸서 보호하고 수분을 빨아들이는 역할을 맡고 조류는 광합성작용을 하고 씨앗주머니를 퍼뜨려. 그래서 여느 식물이 살 수 없는 춥고 건조한 기후에서도 꿋꿋하게 살아남을 수 있대.

　연구원의 설명을 들은 뒤에 꼼꼼히 둘러보니 세종기지 주변 언덕에는 자갈에 붙어사는 지의류 군락지가 여기저기 널려 있었어. 그중에 우스네아도 적지 않게 눈에 띄었어. 워낙 작기도 하지만, 꼼꼼하지 못한 아저씨가 미처 발

견하지 못했던 거지.

　지의류와 함께 남극의 여름을 초록색깔로 물들이는 식물이 바로 이끼(선태)식물이야. 이끼식물은 잎과 줄기와 가지가 또렷이 나뉘지 않지만 광합성을 하고, 헛뿌리가 있기는 하지만 물을 빨아들이지는 못해. 이끼식물은 특히 펭귄 마을 주변에서 많이 볼 수 있었어. 많이 자라는 곳은 마치 초록색 양탄자를 깔아놓은 것처럼 멋져. 왜 펭귄 마을 주변에 이끼식물이 많은 걸까? 과학자 이야기로는 펭귄 똥 때문이래. 펭귄 마을에 사는 펭귄들이 크릴을 잡아먹고 눈 똥에는 열량과 영양분이 많이 들어 있어서 이끼식물이 잘 자란다는 거야.

남극개미자리

　이끼식물은 남극 반도를 비롯한 남극 대륙 주변에서 가장 넓게 퍼져 있는 식물 종이야. 심지어 남극점에 가까운 남위 84도 42분에서도 살아가고 있어. 또 이끼식물이 죽어 땅속에 묻히면서 만들어진 이탄층도 여기저기 남아 있는데, 남오크니 군도에 있는 시그니 섬과 남셰틀랜드 군도의 엘리펀트 섬에서 무려 3미터나 되는 이탄층이 발견되기도 했어. 이탄층이 오랜 시간에 걸쳐 열과 압력을 받으면 석탄이 돼.

남극좀새풀

　세종기지 근처를 돌아다니면서 아저씨가 가장 놀란 건, 꽃을 피우는 식물을 볼 수 있다는 사실이야. 이끼식물이 빼곡하게 돋아난 틈사이로 남극좀새풀과 남극개미자리가 자리 잡고 있었어. 이들 식물은 꽃이 아주 작아서 맨눈으로 확인하기는 어렵지만, 땅속으로 뿌리를 내려 수분을 빨아올리고, 스스로 광합성을 하고, 암술과 수술로 씨앗을 맺는 고등 식물이 분명해. 이 춥고 메마른 땅에 꽃을 피우는 식물이라니!

남극좀새풀과 남극개미자리는 세종기지가 처음 세워졌을 때만 해도 발견되지 않았대. 그러다가 몇 년 전부터 갈매기가 사는 곳 주변에서 드문드문 발견되었다는 거야. 아마도 갈매기 똥에서 영양분을 얻는 것 같아.

과학자들은 세종기지 주변에서 남극좀새풀과 남극개미자리가 자랄 수 있는 이유가 지구 기온이 올라가기 때문이래. 남극 날씨가 이전보다 따듯해지면서, 위쪽 지역에서 살던 식물이 남극으로 건너온 거지.

남극의 숨은 주인공, 미생물

세종기지 주변과 바닷가에 있는 빙하는 대부분 하얀색이나 옥색을 띠지만 가끔 녹색이나 황토색을 띤 것들도 있어. 처음에는 빙하에 이끼나 흙이 묻어서 그런가 보다 했어. 그런데 한 과학자 말로는 빙하에 갇힌 미생물 때문에 그런 색깔을 띠는 거래.

미생물이라면 눈에 보이지 않는 바이러스나 박테리아 같은 병균을 말하는 거잖아! 남극에서 살아가는 녀석들이라면 생명력도 강하고 무서울 텐데……
미생물이라는 말에 나도 모르게 몸이 움찔했어.

 내 속마음을 눈치 챘는지, 과학자는 아직까지 사람에게 해로운 미생물이 발견된 적이 없으니 걱정하지 않아도 된대. 남극은 매서운 추위와 건조한 공기 때문에 생물이 살아가기에 가장 힘든 자연 환경에 놓여 있어. 그래서 기온이 따뜻한 곳에서 활동하는 미생물은 대부분 남극에서 살아남지 못하니 오히려 훨씬 안전하다는 거야. 하다못해 우리나라에서는 겨울에 물 만난 고기마냥 활개를 치던 감기 바이러스도 험한 남극 날씨에는 견디지 못해. 이렇게 추운 날씨에 아무도 감기에 걸리지 않는 이유가 다 있었던 거지.

 그런데 몇몇 미생물들은 험난한 남극에서 도대체 어떻게 살아남은 걸까? 남극은 오래전부터 다른 대륙과 떨어져 있었잖아. 그래서 미생물들도 남극 환경에 적응하면서 다른 곳에서는 볼 수 없는 독특한 생명 현상을 가지고 있대. 과학자들이 남극 미생물을 연구하는 이유도 여기에 있어. 그 놀라운 생명력과 독특

한 생명 현상의 비밀을 풀려는 거지. 과학자들이 가장 관심을 가지는 분야는 미생물이 만들어 내는 동결 방지 물질이야. 남극에서 살아남으려면 무엇보다 영하 수십 도 아래로 떨어지는 온도에도 얼지 않아야 해. 다시 말해 남극 미생물 몸 안에는 낮은 온도에서도 얼지 않게 해 주는 동결 방지 물질이 들어 있다는 뜻이지.

이 동결 방지 물질의 비밀을 풀 수 있다면 인류에게 놀라운 선물을 가져다 줄 거야. 영화 속에서나 가능했던 냉동 인간을 만들 수도 있겠지. 사람 세포는 온도가 낮아지면 얼음 결정이 생기고 부피가 팽창해서 결국 세포벽이 터져 버려. 때문에 냉동 인간을 다시 녹이면 세포가 제 역할을 하지 못하지. 냉동 인간이 다시 깨어나 살아 움직일 수 없다는 얘기야. 하지만 냉동 인간을 만들 때 동결 방지 물질을 넣으면 세포가 얼어도 터지지 않겠지? 세포들을 다시 녹여도 제 기능을 할 수 있다는 뜻이야. 그렇게 되면 지금의 의학 기술로는 치료가 어려운 사람을 냉동시킨 뒤, 의학 기술이 발달한 미래에 해동시켜 치료할 수도 있을 거야.

동결 방지 물질은 곡식을 키우는 데에도 이용할 수 있어. 우리나라에서는 날씨가 영하로 떨어지는 겨울철에는 유리 온실이나 비닐하우스에서 채소를 키우지. 온실이나 하우스를 따뜻하게 유지하려면 난방비가 많이 들어. 그래서 겨울철에는 채소 가격이 다른 계절이 비해 무척이나 비싸. 하지만 동결 방지 물질을 이용하여 새로운 품종을 개발하면 한겨울에도 들판에서 잘 자라는 채소를 키울 수 있어.

　이 밖에도 과학자들은 낮은 온도에서도 활발하게 활동하는 효소, 추운 겨울에도 신진대사가 잘 되게끔 도와주는 물질들을 개발하고 있대. 남극 미생물은 인류가 행복하게 살아가는 데 도움을 줄 수많은 비밀을 간직하고 있는지도 몰라. 어린이 친구들이 과학자가 되어 그 비밀을 밝혀낸다면 정말 멋질 거 같은데, 어때?

남극일보

남극을 지키는 사람들

탐험가, 사냥꾼 그리고 과학자

남극이 곤드와나 대륙에서 떨어져 나간 건, 2,500~3,000만 년 전이다. 인류의 조상이 나타났던 50만 년 전보다 한참 앞선 일이다. 인류가 아프리카와 아시아 대륙 등에서 문명을 이룬 뒤에도 바다 건너편에 위치한 남극은 미지의 땅으로 남아 있었다. 그래서 19세기 말에야 인간은 비로소 남극에 발을 디뎠다.

사람들은 처음에는 이 새로운 대륙을 탐험하며 큰 관심을 보였다. 하지만 온통 눈과 얼음으로 둘러싸인 쓸모없는 땅이라는 사실을 알고는 곧 흥미를 잃었다. 한때 고래와 물개를 잡기 위해 남극을 찾는 사람들도 많았다. 고래와 물개는 빠르게 줄어들었고, 사냥감이 사라지자 사냥꾼도 발길이 뜸해졌다.

가장 늦게 찾아와서 가장 오래 머문 사람은 바로 과학자였다. 사람들 발길이 닿지 않은 남극의 자연이야말로 과학자들에게는 가장 훌륭한 연구 환경이었다. 1954년 영국 모슨 기지가 처음 들어선 뒤로 세계 여러 나라의 과학자들이 남극으로 모여들었다. 그들은 열악한 환경에도 포기하지 않고 남극의 기후와 토양과 생태계를 연구했다. 과학자들의 노력으로 남극을 둘러싼 놀라운 비밀이 하나둘 밝혀졌다. 또한 남극에 석유와 천연가스, 광물이 엄청나게 묻혀 있다는 사실도 밝혀냈다. 기후와 식량 문제로 지구가 몸살을 앓는 오늘날, 남극은 인류의 미래에 대한 해답을 지닌 마지막 대륙일지도 모른다. 그 역시 과학자들이 밝혀낼 몫으로 남아 있다.

우리나라도 1988년에 킹조지 섬에 세종기지를 세워 남극 연구에 뛰어들었다. 남극에 여름이 오면 세종기지에는 보통 100여 명의 과학자들이 한꺼번에 들어온다. 이들은 저마다 1~2개월 정도 머무

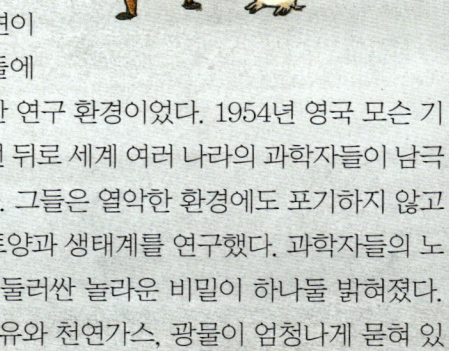

남 극 일 보

르면서 기후, 해양, 지질, 생태계 등 다양한 분야를 연구한다. 추운 겨울에는 도저히 연구를 할 만한 조건이 안 되기 때문에 과학자들은 짧은 기간 동안 밤낮을 가리지 않고 연구에 매달린다.

세종기지의 숨은 일꾼, 월동 대원

짧은 여름이 지나고 겨울이 오면 과학자들은 서둘러 세종기지를 떠나고 세종기지를 관리하고 운영하는 대원들만 남는다. 이들은 겨울철을 세종기지에서 보내기 때문에 월동 대원이라고 부른다. 일반적으로 월동 대원들은 1년 동안만 세종기지에 머무른다. 세종기지는 환경이 척박하고 문명 세계와 동떨어져 있어서 너무 오래 지내다 보면 건강에 문제가 생길 수도 있기 때문이다.

대원들 대부분은 여러 업무를 동시에 맡는다. 그래서 월동 대원들은 무척 바쁘게 움직여야 한다. 세종기지 대원들이 일하는 모습은, 좀 과장하면 힘세고 부지런한 슈퍼맨이나 재주꾼 맥가이버에 견줄 만하다. 모든 대원들은 개인이 맡은 업무는 물론이고 힘을 합쳐 일할 때도 늘 열심이다.

세종기지 대원들의 부지런함은 눈을 치울 때만 봐도 알 수 있다. 대원들은 눈이 내리는 동안에도 길에 쌓인 눈을 수시로 치웠다. 또 눈이 그치면 곧바로 중장비가 기지 전체를 돌아다니며 눈을 치운다. 그러니 눈이 아무리 많이 와도 쌓일 틈이 없다. 얼마나 말끔히 치우는지 세종기지만 보면 이곳이 남극인지 한국인지 구분이 잘 안 될 정도이다. 그런데 다른 나라 기지들은

남 극 일 보

눈을 잘 치우지 않는다. 기껏해야 눈이 그치기를 기다려 사람들이 다닐 수 있는 길을 만들 뿐이다.

세종기지에는 이른 새벽부터 자정을 넘긴 시간까지 기계 소리가 멈추지 않는다. 기지를 새롭게 단장하는 건설 장비가 쉼 없이 가동되고 있기 때문이다. 또 대규모 공사가 있을 때면 대원들은 오랜 시간 자지 않고 일에 매달린다. 식사 때와 새참 때만 잠깐 휴식이 주어질 뿐인데도 불평 한마디 하지 않는다. 기상 관측, 보트 운행, 기계 설비 유지 같은 일을 맡은 대원들도 자기 일을 마치고 나면 어김없이 일을 돕는다. 덕분에 어떤 어려운 난관에 부딪혀도 눈 깜짝할 사이에 해결해 내곤 한다.

이뿐이 아니다. 세종기지에는 남극에서 살아가기 위한 다양한 장비가 갖춰져 있다. 불도저, 포클레인, 페루다 같은 중장비와 발전기 같은 복잡한 기계, 철재를 용접하고 절단하는 데 쓰이는 장비들이 수두룩했다. 대원들은 이런 장비들을 아주 능숙하게 다뤘고, 또 고장이 났을 때도 막힘없이 고쳐 냈다. 심지어는 아예 여러 부품을 깎고 갈아서 새로운 장비를 만들기도 했다. 예를 들어 부두를 넓힐 때 공사에 쓸 철재가 부족해서 중단될 뻔했는데, 기지를 처음 세울 때 사용되고 남은 자재들을 이리저리 짜 맞추어 멋지게 완공해 냈다. 새로 만든 국기봉도 원래는 가로등으로 사용됐던 철봉을 자르고 용접해 만들었다고 한다. 세종기지에서는 열악한 자연 조건 탓에 날씨가 좋은 날을 골라 정해진 기간 안에 일을 마무리해야 한다. 그러니 늘 일을 재빠르게 끝마쳐야 한다. 생각해 보면 이런 조건은 다른 나라 기지도 마찬가지다. 하지만 다른 나라 기지를 돌아봤지만 세종기지 월동 대원들처럼 부지런하게 움직이는 모습을 보지 못했다. 지금의 세종기지가 있기까지 월동 대원들의 숨은 노력에 박수를 보낸다.

남극의 다른 과학 기지

세종기지가 자리한 킹조지 섬에는 모두 11개국 12개 기지가 운영되고 있다. 그중에서 칠레 프레이 기지가 가장 크다. 칠레는 남극 일부가 자기 나라 땅이라고 주장하면서 남극 기지에 아주 많은 정성을 들이고 있다. 연구 기지와 함께 공군, 해군 기지까지 운영한다. 게다가 은행, 우체국, 유치원, 병원 같은 시설을 갖추고 가족들까지 들어와 살게 했다. 그래서 칠레 기지에서는 남극에서 유일하게 아

남 극 일 보

기를 볼 수 있다. 칠레 프레이 기지 가까이에는 중국 장성 기지, 러시아 벨링스하우젠 기지, 우루과이 아르티가스 기지가 있는데 세종기지에서 보면 네 나라의 기지가 나란히 건너다보인다.

세종기지 남동쪽(칠레 기지와 반대편)으로 보트를 타고 20분 정도 가면 아르헨티나 주바니 기지가 있다. 아르헨티나는 칠레와 더불어 남극에 가장 많은 애착을 보이는 나라이다. 아르헨티나 주바니 기지에는 해군 기지가 함께 운영되고 있을 정도다. 아르헨티나는 주바니 기지뿐만 아니라, 남극 대륙에도 연구 기지를 두 개나 더 운영하고 있다. 폴란드와 브라질 기지는 너무 멀고 바다가 험해서 보트로 갈 수 없고 헬기를 이용한다. 칠레와 아르헨티나 기지를 뺀 나머지 기지에는 대부분 과학자와 기지 운영 대원들만 살고 있다.

남극 대륙에는 킹조지 섬보다 훨씬 많은 과학 기지가 세워져 있다. 미국, 독일, 남아공, 러시아, 인도, 노르웨이, 일본, 호주, 프랑스, 이태리, 뉴질랜드, 아르헨티나, 영국, 우크라이나, 칠레 같은 나라에서 30개가 넘는 과학 기지를 운영하고 있다. 러시아, 칠레, 아르헨티나 같은 나라는 남극 대륙과 킹조지에 각각 과학 기지를 운영하고 있다. 우리나라도 남극 대륙에 장보고과학기지까지 세워 운영 중이다.

3... 지구를 살리는 남극

앞서 살폈듯이 세계 여러 나라들은 앞 다투어 남극에 기지를 세워서 연구에 매달리고 있어. 세계 여러 나라가 남극을 연구하는 이유는 왜일까?

첫째, 남극은 지구가 지나온 발자취가 고스란히 남아 있기 때문이야. 과학자들은 남극의 여러 자료를 통해 지구가 먼 옛날에 어떤 모습이었는지 밝혀내고 있어. 둘째, 남극은 최근에 관심사로 떠오른 환경 문제의 심각성을 가장 또렷하게 보여 주는 곳이기도 해. 과학자들은 남극이 지구의 기후를 조절하는 열쇠이며, 따라서 남극의 자그마한 변화도 지구 전체에 커다란 파장을 일으킬 거라고 경고해. 셋째, 남극은 엄청난 에너지 자원이 묻혀 있는, 지구상에 거의 마지막 남은 미개발지야. 이 자원의 보물창고를 어떻게 사용할지는 미래의 몫으로 남겨져 있어.

이런 까닭에 세계가 남극에 눈길을 보내고 있으며, 오늘 이 순간에도 수많은 과학자들이 남극 연구에 온 힘을 기울이고 있어. 그들이 노력을 기울인 만큼 남극은 우리 곁으로 조금씩 다가오고 있어. 하지만 아직 멀었어. 남극은 여전히 온갖 비밀을 품은 채 미지의 땅으로 남아 있어. 그만큼 앞으로 해야 할 일이 더 많이 남아 있다는 얘기지.

그래서 여기에서는 그동안 과학자들이 연구를 통해 밝혀낸 남극의 비밀을 알려 줄까 해. 그렇다고 어려운 과학 공식이나 아주 이해하기 힘든 내용은 없을 거야. 사실은 아저씨도 세종기지에 머무르는 동안 과학자들에게 가장 기초적인 지식만 듣고 배웠거든. 딱 내가 배운 내용만 들려줄게.

지구의 옛 모습을 찾아서

남극에는 지구가 지나온 발자취가 고스란히 남아 있어. 지구의 오래전 모습을 밝혀내는 데 더없이 중요한 실마리를 건네주지. 사방을 둘러봐도 눈과 얼음밖에 없는데, 그런 흔적이 도대체 어디에 있냐고? 바로 그거야, 얼음!

수십만 년 전에 내린 눈이 차곡차곡 쌓여 만들어진 빙하 속에는 눈이 내릴 당시의 대기 성분과 기후에 대한 귀중한 정보가 담겨 있어. 그래서 과학자들은 빙하를 '얼어붙은 타임캡슐'이라고도 해. 빙하를 연구하는 과학자들은 수십만 년 전 지구에 있었던 기후 변화, 대기 변화, 화산 폭발 같은 지구 환경 변화를 속속들이 밝혀내고 있어.

남극 주변 바닷속도 훌륭한 정보 창고야. 남극 대륙이 자리 잡은 뒤로 지층

변화가 거의 없었고, 또 바닷물도 흐름이 그다지 빠르지 않았어. 따라서 차가운 남극 바닷속에는 시간의 흐름에 따라 퇴적물이 차곡차곡 쌓였지. 과거 일어났던 지구 환경 변화 과정과 생태계의 흔적이 고스란히 간직되어 있다는 뜻이야. 이렇듯 남극은 판게아에서 떨어져 나와 극지방에 자리 잡은 뒤로는, 거대한 바다와 차가운 날씨 덕분에 지구의 옛 흔적을 그대로 간직할 수 있었어.

남극의 지리적 환경적 특징을 잘 보여 주는 사례가 또 하나 있어. 바로 운석이야. 우주 공간을 떠돌다가 지구의 중력에 이끌려 떨어진 암석 말이야. 남극에서는 다른 대륙보다 많은 운석을 발견할 수 있어. 운석이 유달리 남극에만 많이 떨어진 건 아닐 거야. 다만 운석이 떨어진 뒤에 홍수나 지진, 화산 폭발 같은 지형 변화 요인이 거의 없었고 사람들 손길도 전혀 닿지 않았어. 게다가 남극에는 운석을 서서히 분해할 미생물조차 거의 없지. 그래서 운석이 훼손되지 않고 본디 모습 그대로 남아 있어.

남극에 운석이 얼마나 많은가 하면, 지구에서 발견된 운석 가운데 80퍼센트인 3만여 개가 남극에서 발견됐어. 그중에서도 운석이 많이 발견된 '운석 저장소'가 있어. 바로 빙하가 산맥과 부딪치면서 솟구친 '블루 아이스' 지대야. 빙하가 유난히 푸르스름한 빛을 띠어서 붙여진 이름이야. 왜 이 지역에서 운석이 많이 발견될까? 대부분 빙하는 높은 곳에서 낮은 곳으로 아주 조금씩 움직이다가 결국 바다로 떨어져 나가지. 하지만 블루 아이스 빙하는 산맥에 가로막히면서 오랫동안 한자리에 머물러 있었어.

한편 블루 아이스 지대의 빙하는 산맥을 휘감아 부는 강한 바람 때문에 표면이 날카롭게 깎여 나가고 있어. 그 과정에서 오랜 세월 빙하 속에 묻혀 있던 운석이 드러나곤 해. 미국과 일본, 중국, 이탈리아 등 여러 나라의 남극 탐사대는 1970년대 초반부터 이곳에서 수많은 운석을 채집했어. 우리나라는 2006년 겨울에 제1차 남극 운석 탐사대가 운석을 발견했지.

이 운석은 대부분 수십 억 년 전 태양계가 생겨나던 초기에, 그러니까 행성들이 아직 안정적으로 모습을 갖추지 못하던 시기에 우주로 튕겨져 나온 돌

덩어리들이라고 해. 이 돌덩어리들이 우주 공간을 떠돌다가 지구 중력에 이끌려 떨어진 거지. 물론 대부분은 대기권과 마찰을 일으켜서 불타 사라져 버리고, 극소수 몇 개만 땅에 떨어졌을 거야. 그러니까 운석은 태양계가 어떻게 생겨났는지 알려 주는 열쇠인 셈이야. 과학자들은 실험을 통해 운석이 언제 생겼는지, 얼마 동안 우주 공간을 떠돌다가 지구에 떨어졌는지, 태양계의 여러 행성이 어떤 물질로 이루어졌는지 알아내고 있어. 나아가 과학자들은 운석을 분석하면 외계 생명체의 존재 여부를 밝혀낼 수도 있을 거라고 말해. 운석에 우주 생명체의 흔적이 남아 있을 가능성도 있다는 거지.

지구의 기후를 조절하는 남극

한국에서는 제주도가 바람이 거세게 불기로 유명해. 하지만 남극 바람은 제주도와 비교가 되지 않을 정도로 거세고 자주 불어. 이곳은 정말 '바람의 나라'야. 하루 종일, 단 한 순간도 끊이지 않고 바람이 불어. 초속 5~6미터쯤이면 아주 평온한 상태고, 바람이 좀 분다 싶으면 금세 초속 15~16미터를 넘어. 이 정도 바람이라면 모자를 꾹 눌러 잡아야 해. 안 그러면 바람이 모자를 훌렁 벗겨서 날려 버릴 테니까.

바람 때문에 몸이 휘청거릴 정도면 풍향계는 어느새 초속 20미터를 가리키지. 한번은 숙소에서 생활동까지 30미터 정도 떨어진 거리를 가는데, 바람이 너무나 세차게 부는 거야. 몸을 꼿꼿하게 세우고 걷기는커녕 숨도 제대로 쉴 수 없었어. 모자를 눌러쓰고 옷깃을 움켜잡고 몇 번이나 뒤로 밀려나면서 가까스로 도착할 수 있었어.

지난 2007년에는 바람이 무려 초속 50미터에 이르렀대. 초속 50미터면 가만히 서 있어도 몸이 날릴 정도지. 마침 세종기지를 재정비하던 때였는데, 대원들 몸이 휘청거리는 것은 물론이고 건축 자재들이 날아가 버려서 작업을 제대로 할 수 없었다더군.

한번은 이런 일도 있었어. 과학자 한 명이 한국으로 돌아가기로 해서 비행기를 타는 칠레 프레이 기지까지 배웅을 나갔어. 그런데 비행기는 도무지 꼼짝할 기미가 보이지 않았어. 비행기가 뜨지 못할 정도로 안개가 자욱이 꼈기 때문이야. 가끔 하늘이 열릴 듯하다가도 금세 안개가 짙게 피어올라 눈앞을 가로막았어. 과학자는 무려 닷새나 더 머물러야 했어. 날마다 아침이면 세종기지에서 보트를 타고 프레이 기지까지 나가 비행기를 기다리다가 다시 세종기지로 돌아오곤 했어.

남극은 왜 쉴 새 없이 세찬 바람이 부는 걸까? 또 여름철 남극 날씨는 왜 하루에도 수십 번씩 바뀌는 걸까? 여기에는 지구의 기후를 둘러싼 놀라운 비밀이 숨어 있어. 남극은 지구 온도를 조절하는 아주 중요한 역할을 해. 남극의 차가운 공기는 태양열로 뜨거워진 공기를 식히는 역할을 하지.

먼저 공기가 지닌 성질을 살펴볼까? 따뜻한 공기는 팽창하려는 성질 때문

© 고경남

에 위로 상승해. 반면 차가운 공기는 압축되고 밀도가 높아지면서 낮은 곳으로 내려앉는 성질이 있지. 또 공기는 끊임없이 균형을 이루려고 하는 성질이 있어서 따뜻한 공기는 차가운 공기 쪽으로, 차가운 공기는 따뜻한 공기 쪽으로 움직여. 이처럼 따뜻한 공기와 차가운 공기가 서로 넘나들며 쉼 없이 움직이는데, 이때 나타나는 현상이 바로 바람이야.

좀 더 구체적으로 살펴볼까? 지구 전체를 머릿속에 떠올리면서 공기가 어떻게 움직이는지 상상해 봐. 적도 지역에서는 따뜻한 공기가 생겨나고, 남북극 지역에서는 차가운 공기가 생겨나겠지. 적도에서 덥혀진 따뜻한 공기는 높은 하늘로 올라 남쪽과 북쪽으로 나뉘어 움직여. 이들 공기는 위도 30도 지역에서 남극과 북극에서 불어 온 차가운 공기와 만나게 돼. 따뜻한 공기는 열을 일부분 잃고 지표면 가까운 곳으로 내려 앉아. 지표면으로 내려온 공기 가운데 차가워진 공기는 적도 쪽으로, 아직까지 열을 잃어버리지 않은 공기는 남극과 북극 쪽으로 움직이지. 극지방으로 이동하던 공기는 또다시 위도 60도 지역에서 남북극에서 생겨난 차가운 공기와 맞부딪쳐. 지표 가까운 곳에서 부딪친 따뜻한 공기와 차가운 공기는 하늘 높이 올라가지. 하늘 높이 올라간 공기 가운데 일부는 극지방 쪽으로, 일부는 적도 쪽으로 움직여.

여기서 잠깐, 세종기지가 남위 62도쯤에 위치한다고 했지? 남위 62도면, 바로 적도에서 생겨난 따뜻한 공기와 남극에서 생겨난 차가운 공기가 만나는 지점이야. 세찬 바람이 쉴 새 없이 부는 까닭이 여기에 있어. 나아가 추운 겨

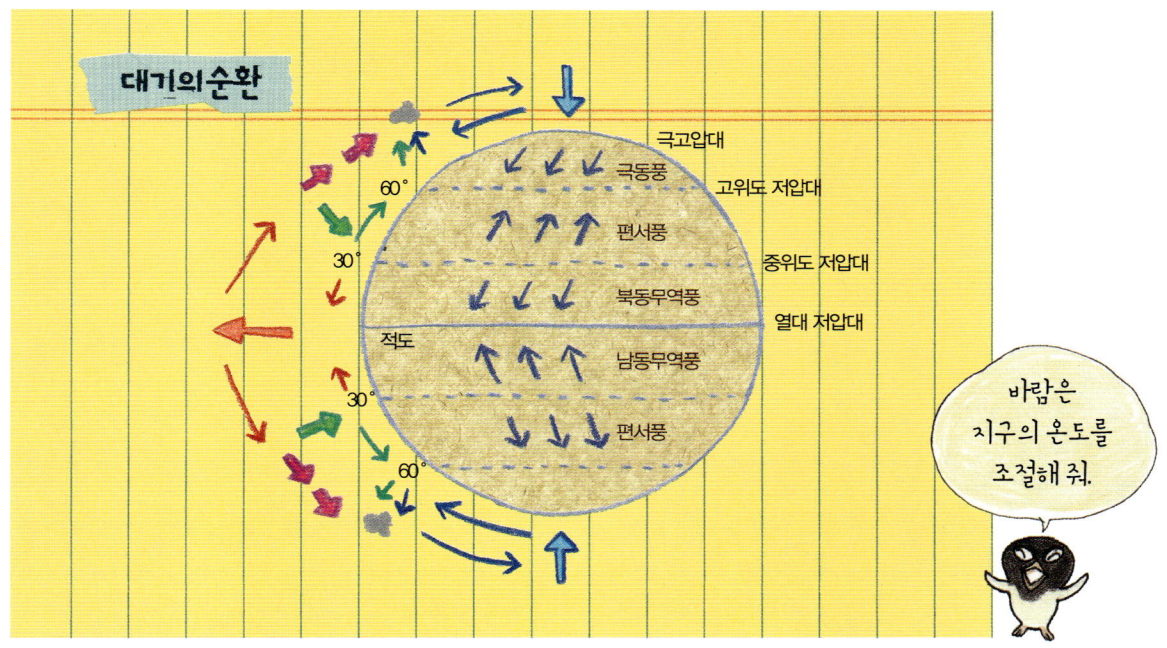

울보다는 여름에 대기의 움직임이 활발한 까닭도 차가운 공기가 상대적으로 따뜻한 지표면과 만나기 때문이야. 이렇게 지구의 차가운 공기와 따뜻한 공기는 끊임없이 부딪치면서 움직여. 그러면서 지구 온도를 조절해서 생명체가 살아갈 수 있게 해 주지.

남극의 차가운 바닷물도 지구의 기후를 지켜 내는 아주 중요한 역할을 해. 적도에서 덥혀진 따뜻한 바닷물을 난류라고 부르고 남극이나 북극의 차가운 바닷물을 한류라고 해. 공기와 마찬가지로 물도 따뜻한 곳에서 차가운 곳으

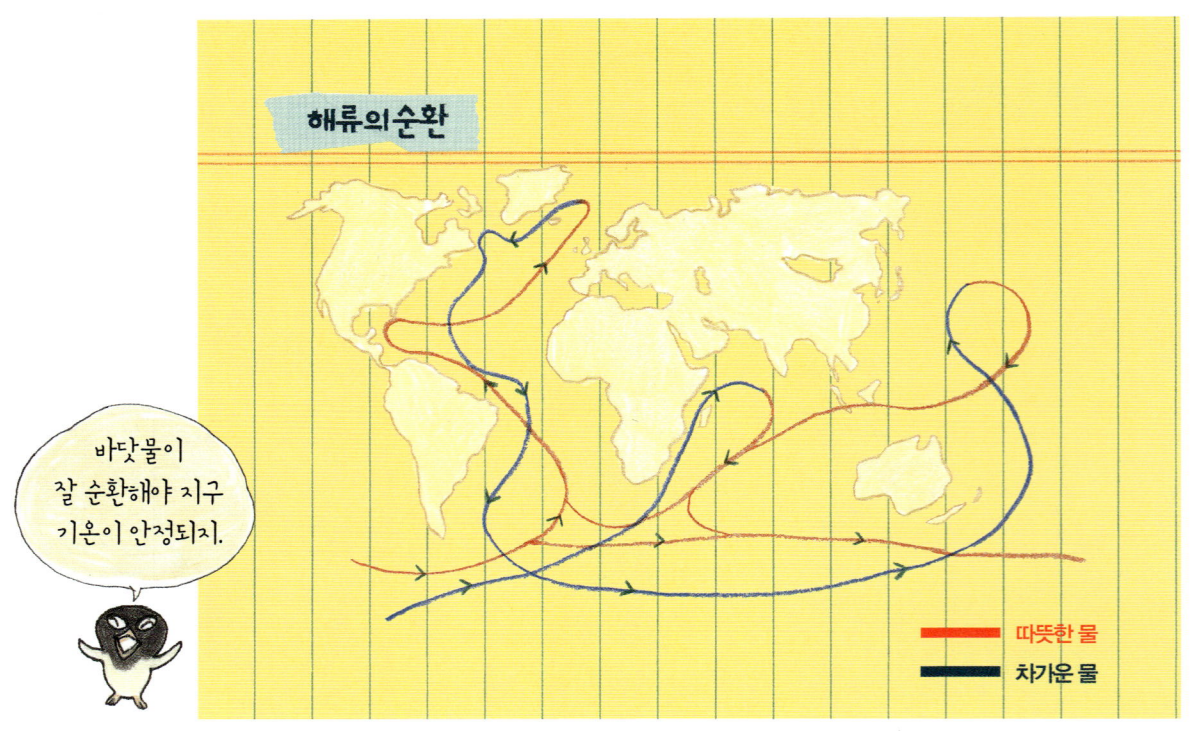

로 이동하는 성질이 있어. 또 따뜻한 물은 위쪽으로, 차가운 물은 아래쪽으로 움직이지.

 따라서 적도의 따뜻한 물은 남극의 차가운 바다로 흘러. 반대로 남극의 차가운 물은 바다 깊은 곳으로 가라앉아 적도 근처의 따뜻한 곳으로 이동해. 남극으로 흘러간 따뜻한 물은 차갑게 식어서 바다 깊이 가라앉고, 적도로 흘러간 차가운 물은 따뜻하게 덥혀져서 해수면으로 솟아올라. 해수면으로 떠오른 바닷물은 또다시 따뜻한 태양에너지를 얻어서 남극 바다로 이동하기 시작해. 이런 거대한 바닷물의 순환은 대기의 움직임과 마찬가지로 지구 온도를 일정하게 조절해 줘.

빙하의 눈물

최근에 남극을 연구하는 과학자들은 심각한 경고를 보내고 있어. 빙하가 눈물을 흘리고 있대. 그러니까 빙하가 빠르게 녹아내리고 있다는 거지. '빙하의 눈물'은 세종기지에서도 어렵지 않게 확인할 수 있었어. 앞바다인 마리안 소만 끝에는 빙하 지대가 넓게 펼쳐져 있다고 했잖아. 그런데 최근 30년 동안 빙하가 1킬로미터 정도 줄어들었어. 게다가 빙하가 녹는 속도는 점점 빨라져 최근 5년 사이에 500미터나 줄었지.

아저씨가 세종기지에 머무를 때, 중력의 원리를 이용해서 빙하가 얼마만큼 녹았는지 연구하는 과학자가 있었어. 어떻게 중력으로 빙하가 녹는 정도를 알아내느냐고? 중력은 질량을 가진 물체들이 서로 잡아당기는 힘을 말해. 당연히 질량이 더 나가는

남극의 온도가 올라가고 있어, 심각해.

물체의 중력 값이 적게 나가는 물체보다 훨씬 커. 달 중력이 지구 중력의 6분의 1밖에 안 되는 이유도 달이 지구보다 작고 질량이 덜 나가기 때문이지.

이 원리를 알고 나면 나머지는 간단해. 인공위성으로 남극의 지역별 중력 값을 잰 뒤 이전에 쟀던 중력 값과 비교하면 얼음이 얼마나 빠르게 녹고 있는지를 확인할 수 있어. 남극의 빙하가 녹아 없어진 만큼 그 지역의 질량이 줄어들고 중력 값도 작아졌을 테니 말이야. 그 과학자에 따르면 북극과 남극의 빙하는 예상보다 훨씬 빠르게 녹고 있대. 특히 서남극의 빙하가 동남극보다 훨씬 빠르게 녹고 있다고 해.

빙하가 녹아 사라지면 어떤 일이 벌어질까? 남극 대륙의 눈과 얼음은 태양에너지를 70퍼센트 넘게 반사해서 지표면에 열이 머물지 않게 해. 말하자면 남극의 얼음이 지구의 온도를 알맞게 유지하는 역할을 하는 거지. 빙하가 사라지면 태양열이 덥힌 뜨거운 공기를 더 이상 식힐 수 없게 돼. 지구는 순식간에 뜨거운 찜통으로 변해 버릴 거야.

또 갑작스럽게 빙하가 많이 녹으면 민물이 바다에 한꺼번에 흘러들어서 남극과 북극의 바닷물 밀도가 예전보다 훨씬 낮아져. 바닷물 밀도가 낮아지면 물은 순환되지 않아. 바닷물이 한곳에 머무르거나 제멋대로 엉클어진다는 뜻이야. 과학자들은 세계 곳곳에서 나타나는 이상 기온의 원인으로 바닷물의 순환이 흐트러진 걸 꼽아. 이 상태로 빙하가 빠르게 흘러내리면 어느 곳은 1년 내내 더운 태양이 이글거리고, 또 어느 곳에는 엄청나게 많은 비가 내려 모든 걸

삼켜 버리겠지.

　아니나 다를까, 오늘날 지구촌 곳곳에서는 이상기후 현상이 눈에 띄게 늘어나고 있어. 요즘 뉴스를 보면 유럽에서 한겨울인데도 홍수가 나고, 열대 지역에서 난데없이 많은 눈이 내리기도 하잖아. 얼마 전에는 인도와 방글라데시에서 기온이 갑자기 떨어져 많은 사람들이 얼어 죽기도 했어.

　도대체 왜 빙하가 빠르게 사라지고 있을까? 과학자들은 이게 다 지구온난화 때문이래. 그러니까 지구가 점점 더워져서 남극과 북극의 빙하가 녹아내리고 있다는 거지. 지구온난화의 이유에 대해서는 과학자마다 다양한 의견을 내놓고 있어.

　많은 과학자들은 사람들이 만든 재앙이라고 주장해. 공장과 차와 집에서 나오는 환경 오염 물질이 지구가 따뜻해지는 온실효과를 만들었고, 이에 따라 지구의 온도가 높아졌다는 거야. 일부 과학자들은 지금 지구가 빙하기와 빙하기 사이의 간빙기여서 기온이 오른다고 주장해. 이 주장도 충분히 일리가 있어. 예를 들어 빙하로 뒤덮인 그린란드에서 천 년 전 간빙기에 농작물을 키웠던 흔적이 발견되기도 했어. 최근 온도가 올라가면서 그린란드에서 다시 농작물을 키울 수 있게 되었지.

　하지만 간빙기라고 해도 인간이 지구 온도가 오르는 속도를 부채질한 사실을 부정할 수 없어. 따라서 오늘날 진행되고 있는 지구온난화는 훨씬 빠르고 무서운 결과를 가져올 가능성이 많아.

지구온난화와 함께 환경 변화의 무서움을 알려 주는 현상이 또 하나 있어. 과학자들은 남극 오존층이 크게 파괴되었다고 염려하고 있어. 최근에는 미국 면적보다 세 배나 큰 오존층 구멍이 생겼다고 해. 아저씨도 남극에 있을 때는 맑은 날이면 선글라스를 쓰지 않고서는 기지 밖으로 나갈 수가 없었어. 자외선 때문에 선글라스를 쓰지 않으면 눈이 부셔 아플 정도였거든.

오존층은 태양에서 지구로 들어오는 자외선을 대부분 막아 줘. 덕분에 지구의 동식물은 생존에 필요한 적당한 자외선을 쬐며 살아갈 수 있지. 오존층이 사라지면 자외선이 지표면에 거침없이 쏟아지겠지. 오존층이 걸러 주지

못하는 태양 자외선은 원자폭탄의 방사능 같은 위력을 지녔어. 모든 생명체는 병들어 시름시름 앓거나 씨도 없이 말라 죽고 말 거야.

오존층이 사라져 가는 이유는 무얼까? 지금은 사용이 금지되었지만 과거 집과 공장에서 사용했던 스프레이 제품이나 자동차 냉매에 들어 있는 염화불화탄소(CFC) 곧 탄소, 염소, 불소 원자로 구성되어 있는 프레온가스 때문이지. 이 물질들은 대기로 올라가 화학 작용을 일으켜서 오존층을 파괴해 버려.

그런데 왜 유달리 남극 하늘 오존층이 파괴되는 걸까? 자동차와 공장은 대부분 북반구에 몰려 있는데 말이야. 과학자들은 그게 남극 하늘에 생기는 극소용돌이 때문이라고 해. 극소용돌이는 특히 추운 겨울철에 눈에 띄게 나타나서 성층권 대기가 주변 대기와 섞이지 못하게 가두어 놓지. 그러다가 따뜻한 봄이 되면 성층권 얼음 층이 녹으면서 그 속에 갇혀 있던 염화불화탄소가 오존층과 화학 작용을 일으키는 거야. 지금은 전 세계에서 오존층 파괴 물질을 사용하지 못하게 법으로 막아서 그나마 나아졌지만, 심할 때는 남극 하늘의 오존량이 50퍼센트 가까이 줄어들기도 했대.

이처럼 남극은 지구의 기후를 조절하는 열쇠이자, 환경 변화를 가장 민감하게 가늠할 수 있는 기준이야. 남극은 지구 기후를 조절하는 놀라운 힘을 지녔어. 지구 전체를 놓고 보자면 남극은 거대한 온도 조절 장치라고 할 수 있어. 이 온도 조절 장치가 고장 나면 결과가 어찌 될지는 다시 말하지 않아도 알겠지? 세계 여러 나라 과학자들이 남극 연구에 온 힘을 기울이는 이유도

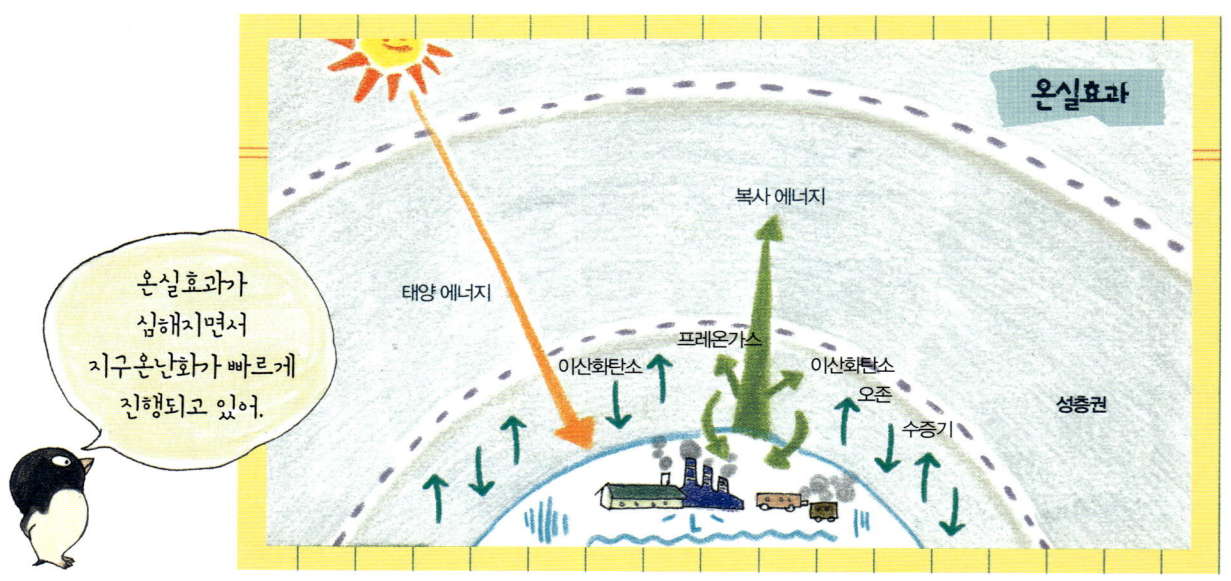

여기에 있어. 남극 기후 변화를 꼼꼼히 관찰하고 기록하면서, 과학자들은 경고하고 있어. 더 이상 환경을 파괴하지 말라고, 지금 당장 환경을 돌보지 않으면 돌이킬 수 없는 재앙을 가져올 거라고.

지하자원의 보물창고

세계 여러 나라가 앞 다투어 남극 연구에 매달리는 이유는 또 있어. 남극은 자원의 보물창고야. 남극 대륙과 주변 바닷속에는 석탄, 석유를 비롯해 금,

은, 철, 아연, 몰리브덴, 텅스텐 같은 광물 자원이 엄청나게 묻혀 있어. 광물이 많이 모여 있는 곳을 '광상'이라고 하는데 지금까지 남극에서 발견된 광상은 동남극 광상, 남극 횡단 산맥 광상, 안데스 광상이 있어.

 동남극 광상은 대부분 빙하로 덮여 있어서 얼마나 많은 자원이 묻혀 있을지 정확하게 알려지지 않았어. 하지만 지금까지 알려진 것만으로도 상상을 뛰어 넘어. 예를 들어 프린스찰스 산맥의 한 지역에서는 철을 함유한 지층의 두께가 400미터에 이르며, 또 폭이 5킬로미터, 10킬로미터인 두 개의 철 광맥이 각각 120킬로미터, 180킬로미터나 나란히 뻗어 있는 곳도 발견했어. 동남극 광상에는 철 말고도 금, 백금, 크롬, 니켈 등이 묻혀 있어.

 남극 횡단 산맥 광상은 고생대 초기와 중생대 중기에 생겨났다고 해. 여기에는 특히 쓸모 있고 희귀한 광물이 다양하게 묻혀 있어. 구리, 리튬, 금, 구리, 은, 비소, 연, 아연, 몰리브덴, 비스무스, 주석, 텅스텐, 철-티탄 산화광물, 철-구리 황화광물과 코발트, 크롬, 바나듐, 백금 같은 광물이 발견되었어.

 안데스 광상은 남극 대륙과 아메리카 대륙이 하나였을 때 안데스 산맥이 남쪽으로 이어져 내려왔다고 해서 붙은 이름이야. 남아메리카 안데스 산맥에는 구리, 몰리브덴, 금, 주석, 텅스텐, 연, 아연 같은 광물이 있어. 따라서 남극 안데스 광상에도 남아메리카 안데스 광상과 같은 자원이 묻혀 있을 것으로 짐작하고 있어.

 이 밖에도 남극 주변 바닷속에는 석유와 석탄을 대체할 새로운 에너지 자원으로 떠오르고 있는 메탄 하이드레이트가 풍부하게 묻혀 있어. 세종기지 주변 바닷속만 해도 우리나라가 300년 넘게 쓸 수 있는 메탄 하이드레이트가 묻혀 있대. 메탄 하이드레이트는 바다 미생물이 썩으면서 발생한 메탄가스와 물이 합쳐져서 생겨나. 깊은 바닷속이나 빙하 아래에서 높은 압력을 받아 얼음 상태로 묻혀 있지. 이걸 녹이면 천연가스처럼 에너지 자원으로 사용할 수 있어. 하지만 깊은 바닷속에서 캐내는 데 엄청난 비용이 드는 데다 메탄이 지구온난화를 불러일으키는 탓에 정말로 미래의 에너지 자원으로 쓰이게 될지는 알 수 없다고 해.

이렇듯 엄청난 광물 자원이 묻혀 있지만 지금 당장 남극에서 자원을 개발할 수는 없어. 1959년에 세계 여러 나라가 한데 모여 남극조약을 맺었기 때문이야. 남극조약에는 남극이 인류 모두의 자산이며 과학 연구가 아닌 어떤 이유로도 광물 자원 개발을 금지한다는 내용이 들어 있어. 하지만 남극 개발을 둘러싼 문제가 해결된 건 아니야. 남극조약에 가입하지 못한 나라들은 권리를 달라고 아우성이고, 남극조약 당사국들은 저마다 더 많은 권리를 갖겠다고 주장하고 있어. 그러니까 남극은 언제 터질지 모르는 휴화산 같은 상태이지.

사람들은 그동안 문명을 일으키고 풍요로운 삶을 살기 위해 지구 자원을 막무가내로 써 왔어. 이제 지구의 자원은 대부분 바닥을 드러내고 있지. 그나마 남극과 북극이 미개발 지역으로 남아 있어. 하지만 머지않아 이곳도 개발의 기계 소리로 뒤덮일 거야. 인간이 오늘날 같은 문명을 유지하면서 살아남으려면 에너지 자원이 절대적으로 필요해. 하지만 자원을 개발하려고 달려드는 순간 자연 환경이 파괴되고 지구는 더욱 황폐해질 거야. 두 갈래 갈림길에서 우리는 과연 어떤 길을 선택해야 할까?

남극일보

남극을 둘러싼 소리 없는 전쟁

남극에 불어닥친 변화의 바람

눈과 얼음으로 뒤덮인 '하얀 사막' 남극은 최근 들어 많은 변화가 이뤄지고 있다. 옛날 남극에는 사람은 없고 펭귄과 물개, 그리고 고래 들의 천국이었다. 하지만 최근에는 여기저기 건물이 들어서고 수많은 사람들이 갖가지 목적으로 남극을 찾고 있다. 심지어 관광객을 실은 거대한 호화 유람선도 심심찮게 드나든다. 관광객은 앞으로 갈수록 더욱 많아질 것이다.

남극에 불어 닥친 커다란 변화의 원인은 무엇보다 자원 때문이다. 남극에 지하자원이 얼마나 많은지 아직 확실하게 알 수 없지만 지금까지 조사한 결과만 놓고 보더라도 엄청나다. 과학자들은 남극에 인류가 수백 년 넘게 쓸 지하자원이 묻혀 있을 거라고 한다.

지금 당장은 '남극조약'에 묶여 있지만, 세계 여러 나라는 언제든 기회만 닿으면 남극 자원을 개발하기 위해 준비하고 있다. 남극을 놓고 벌이는 보이지 않는 경쟁이 그만큼 무척이나 치열하다는 뜻이다. 심지어 벌써부터 남극이 자기네 땅이라고 주장하는 나라도 있다.

지금까지 남극의 일부분을 자기네 땅이라고 주장한 나라는 영국, 아르헨티나, 오스트레일리아, 뉴질랜드, 노르웨이, 프랑스, 칠레 등이다. 남아메리카 나라들과 오스트레일리아는 거리가 가깝다는 이유를, 유럽 나라들은 처음 남극을 발견했다는 이유를 내세우고 있다. 게다가 영국과 아르헨티나와 칠레는 영토권을 주장하는 지역이 겹치기도 해서 더 치열하게 경쟁을 벌이고 있다.

이들 나라가 벌이는 눈치 싸움은 좀 유치해 보이기도 한다. 예를 들어 아르헨티나는 1815년 기에모 브라운이 태평양을 탐험하다가 남셰틀랜드 군도를 발견했다고 주장한다. 그러니까 영국의 윌리엄 스미스 선장이 1819년에 발견한 것보다 빠르다는 주장이다. 또 1904년 2월에는 라우리 섬에 있던 스코틀랜드 남극 기지를 사 들여서 이듬해부터 사람들을 살게 했다. 이를 근거로 2005년에는 남극에 아르헨티나 국민이 100년간 살았다며 기념 우표를 발행하기도 했다. 이뿐만 아니다. 1955년부터는 남극 기지에서 몇 쌍이 결혼하게 하고, 1977년에는 임신한 부인을 데려와 아이를 낳게 해서 남극에서 아르헨티나 국민이 태어났다고 대대적으로 홍보했다.

칠레도 못지않다. 칠레는 스페인 왕

남극일보

찰스 5세가 1539년 탐험가에게 남극 땅을 물려받았다고 주장하고 있다. 1948년에는 남셰틀랜드 군도의 그리니치 섬에 있는 기지를 대통령이 직접 방문하기도 했다. 킹조지 섬에 비행기 활주로를 닦고, 호텔을 지어 관광객을 끌어모으고 있다. 일반 사람들이 생활할 수 있게 기지에 우체국, 병원, 교회도 지었다. 남극을 둘러싸고 티격태격하는 모습이 피식 웃음이 나기도 하고 문득 소름이 돋기도 한다. 이렇게 노골적으로 목소리를 높이는 나라 말고도 호시탐탐 남극 개발에 끼어들려는 나라가 아주 많다. 머지않은 미래에, 다른 대륙의 에너지 자원이 모두 바닥나면 남극은 개발을 둘러싼 전쟁터로 변할 것이다. 인류가 지금의 문명을 유지하고 살아남으려면 어쩔 수 없는 선택일지도 모른다. 하지만 남극이 파헤쳐지면서 생겨나는 환경 재앙은 어떻게 감당할 수 있을까? 또 남극 자원마저 바닥을 드러내면 인류는 어디서 에너지 자원을 얻을 수 있을까?

아르헨티나 100주년 기념 우표

ⓒ 문지호

남극은 과연 어느 나라 땅일까?

그야 물론 펭귄과 물범과 고래 땅이지.

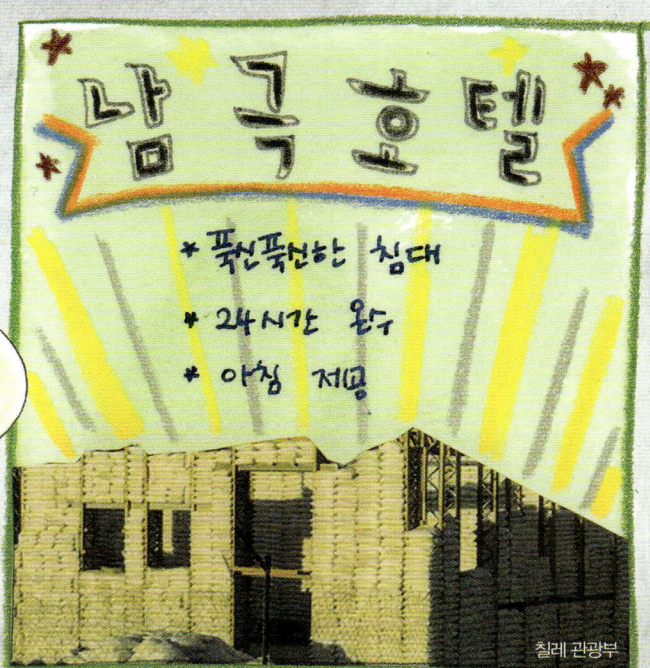

남극호텔
* 푹신푹신한 침대
* 24시간 온수
* 아침 제공

칠레 관광부

남극일보

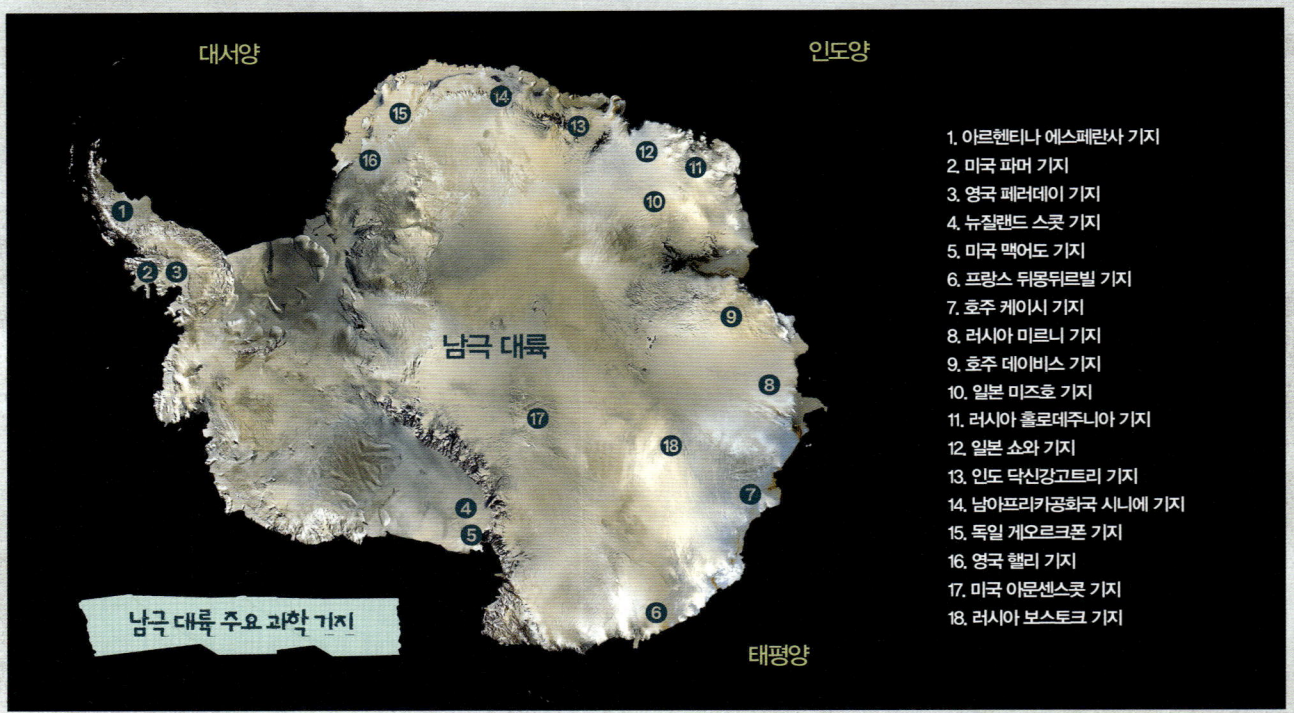

남극 대륙 주요 과학 기지

1. 아르헨티나 에스페란사 기지
2. 미국 파머 기지
3. 영국 페러데이 기지
4. 뉴질랜드 스콧 기지
5. 미국 맥머도 기지
6. 프랑스 뒤몽뒤르빌 기지
7. 호주 케이시 기지
8. 러시아 미르니 기지
9. 호주 데이비스 기지
10. 일본 미즈호 기지
11. 러시아 홀로데주니아 기지
12. 일본 쇼와 기지
13. 인도 닥신강고트리 기지
14. 남아프리카공화국 시니에 기지
15. 독일 게오르크폰 기지
16. 영국 핼리 기지
17. 미국 아문센스콧 기지
18. 러시아 보스토크 기지

남극 대륙 기지와 아라온호

생각하면 할수록 안타깝고 무섭지만, 그렇다고 넋 놓고 있을 수는 없다. 우리 인류는 이보다 훨씬 어렵고 힘겨운 일들을 이겨 내고 결국 이 자리까지 올 수 있었다. 우리는 남극 자원을 쓸모 있게 사용하면서도 환경을 해치지 않는 멋진 방법을 찾아내고, 지하자원에 기대지 않는 새로운 에너지 자원을 개발해 낼 수 있을 것이다. 인류의 미래를 걸고 지혜를 모으는 길에 우리나라가 빠질 수 없다. 우리 과학자들이 남극 연구에 힘을 쏟는 이유도 여기에 있다.

우리나라는 세종기지를 운영한 경험을 바탕으로 2014년에 남극 대륙의 동남극 지역 테라노바 만에 제2 연구 기지인 장보고과학기지를 지었다. 사실 킹조지 섬에 있던 세종기지는 남극 대륙을 본격적으로 연구하는 데 어려움이 많았다. 남극 대륙에 견주어 기온도 다르고, 생태계도 달랐기 때문이다.

남극 대륙에 장보고과학기지가 들어서면서 오로라를 비롯한 대기 현상, 황제 펭귄을 비롯한 동식물 생태계도 한결 생생하게 관찰할 수 있게 되었다. 끝없이 펼쳐진 빙원 아래의 지형도, 거기 묻혀 있는 자원도, 우주의 비밀을 풀어 줄 운석도 제대로 연구할 수 있을 것이다. 앞으로 장보고과학기지의 활약을 기대해 본다.

우리나라는 2009년 얼음을 깨고 바다를 항해할 수 있는

남 극 일 보

아라온호

쇄빙선 아라온호를 만들었다. 남극 대륙 가까운 바다는 한여름에도 얼음으로 뒤덮여 있어서 일반 배는 갈 수 없다. 그래서 남극 대륙에 기지를 운영하고, 남극 대륙을 둘러싼 바다를 연구하려면 쇄빙선이 꼭 필요하다. 우리나라는 그동안 남극 대륙 바다를 탐사할 때마다 다른 나라 쇄빙선을 빌려 탔다. 하지만 배를 빌리는 비용이 너무 비싼 데다 오랫동안 마음껏 사용할 수도 없었다. 그래서 그동안에는 상대적으로 따뜻한 여름에 얼음이 얼지 않은 바다에서만 연구를 해 왔다. 하지만 쇄빙선이 생겼으니 얼음 밑 남빙양 바다를 1년 내내 연구할 수 있게 되었다. 우리나라가 남극연구의 선두주자로 나서 인류와 지구 생명 모두가 행복하게 살아가는 데 큰 보탬이 될 수 있기를 바란다.

장보고과학기지

작가의 말

남극을 부탁해

어때, 아저씨가 '하얀 사막' 남극에서 겪은 이야기 재미있었니? 아저씨는 북극 다산기지에 다녀온 뒤로 남극 세종기지에도 꼭 다녀오고 싶었어. 그래서 5년 동안이나 남극에 가는 방법을 수소문했단다. 그리고 마침내 그 소원을 이룰 수 있었어. 무언가를 간절하게 바라고 노력하면 언젠가는 소원이 이뤄진다는 믿음이 맞았어.

왜 남극에 가 보고 싶었냐고? 서울은 세계에서 둘째가라면 서러울 만큼 번잡한 도시야. 아저씨는 이 크고 복잡한 도시를 벗어나, 사람의 손길을 가장 적게 탄 곳에서 지구의 원래 모습을 보고 싶었어. 또 남들이 가 보지 않는 곳을 탐험하고 싶은 욕심도 컸어. 물론 옛날에 견주면 남극을 다녀온 사람이 많아졌지. 하지만 우리나라에서 남극에서 머물다 온 사람은 기껏 1,000명도 되지 않을 거야.

오랫동안 꿈꿔 온 남극에 발을 내디디는 순간, 아저씨는 남극의 아름다운 모습에 흠뻑 반했어. 세종기지에서는 눈만 돌리면 수만 년 전에 내린 눈이 쌓여서 만들어진 빙하를 볼 수 있었어. 또 하얀색과 검은색 깃털 옷을 입고 날개를 벌려 뒤뚱거리며 걷는 남극 신사 펭귄, 느긋하게 드러누워 햇볕을 쬐던 순한 물범, 둥지에 다가가는 사람을 무섭게 공격하는 남극도둑갈매기와 다양한 새들도 신기하기만 했지. 갑자기 불어닥친 살을 에는 듯한 블리자드도 결코 잊을 수 없을 거야.

　남극의 여름은 쉴 새 없이 바람이 불고 날씨가 궂었지만, 가끔씩 열리는 맑고 짙푸른 하늘은 우리나라 가을하늘보다 더 파랗고 아름다웠어. 또 세종기지를 지키는 월동 대원들과 남극을 연구하는 과학자들이 열심히 자신에게 주어진 일을 열심히 해내는 모습도 남극의 자연 환경만큼이나 아름다웠어.

　이렇게 멋지고 아름다운 모습만 있는 건 아니었어. 오늘날 남극은 개발로 곳곳이 파괴되고 있어. 또 지구온난화 때문에 빙하가 빠르게 사라지고 있지. 남극에 더 이상 빙하가 남아 있지 않을 때쯤이면, 우리 인간도 더 이상 이곳에서 살지 못하겠지.

　아름다운 남극이 지금 모습 그대로 남으려면 어떻게 해야 할까? 무엇보다 우리 인간이 자연에 기대어 살 수밖에 없다는 사실을 깨닫고 위대한 자연의 순환 법칙에 따라야 해. 인간이 자연의 순환을 거스르고 깨뜨리면 결국 인간은 엄청난 재앙을 겪고 말 거야. 지구를 댐이라고 생각해 봐. 이 댐에 물이 차고 넘치기까지는 시간이 오래 걸려. 하지만 물이 가득 차서 넘치기 시작하면 곧 댐이 무너지기 시작하겠지. 물이 모든 걸 휩쓸고 지나가겠지만, 한번 무너진 댐을 막을 방법은 없어.

지금 지구는 물이 가득 차 넘치기 직전의 댐과 같아. 이제 물이 조금만 더 차면 댐이 넘치기 시작하고 결국 무너지고 말 거야. 부끄럽게도 어른들 욕심이 지구를 이 지경으로 만들어 놓았어. 미안해, 어른들이 지난 잘못을 스스로 바로잡을 가능성은 별로 없어 보여.

이제 지구가 기댈 데라고는 이 책을 읽고 있는 너희들뿐이야. 앞으로 지구에서 살아갈 날이 많은 너희들이 앞장서서 지구를 지켜야 해. 이미 깊은 상처를 입은 지구가 예전 모습처럼 되살아날 수 있을지는 장담할 수 없어. 하지만 아저씨는 어린이들이 지닌 무한한 상상력과 가능성을 믿어. 너희는 분명 남극을 지키고 지구를 구할 방법을 찾아낼 수 있을 거야.

우선은 작은 일부터 하나둘 시작해야지. 사용하지 않으면서 켜 둔 컴퓨터와 전등을 끄고, 종이 한 장이라도 아껴 쓰고, 음식을 넘치지 않게 적당히 먹고, 쓰레기를 분리수거하는 것도 남극과 지구를 살리는 데 큰 도움이 될 거야.

그리고 좀 먼 훗날 이야기지만, 아저씨는 너희들이 꼭 남극에 가 봤으면 좋겠어. 남극에 갈 수 있는 가장 좋은 방법은 과학자가 되는 거야. 과학자가 되어 남극과 지구를 살리는 방법을 찾아내는 것도 멋진 일이겠지. 아저씨가 세종기지에서 만난 과학자들은 저마다 전문적으로 연구하는 분야가 있었어. 지구의 자연 환경을 연구하는 과학자, 빙하를 연구하는 과학자, 남극의 신사 펭귄을 연구하는 과학자, 남극제비와 남극도둑갈매기 같은 새를 연구하는 과학자, 물범, 고래, 물개처럼 젖먹이동물을 연구하는 과학자, 바다에 사는 말미잘, 성게, 큰띠조개, 삿갓조개, 크릴, 남극대구를 연구하는 해양동물 학자, 남극개미

자리나 남극좀새풀 같은 식물을 연구하는 과학자, 땅속에 묻힌 광물을 연구하는 과학자, 우주 현상을 연구하는 과학자…… 이 과학자들은 저마다 자기 분야에서 성실하게 연구하며 크고 작은 성과를 내 오고 있었어. 이 과학자들이 이뤄낸 성과를 발판 삼아 너희가 새로운 분야를 연구하다 보면, 분명 인간과 자연이 더불어 살아갈 수 있는 길을 찾아낼 거야.

 탐험가가 되어 남극의 위대함을 경험하고 다른 이들에게 소개하는 것도 좋아. 스콧, 아문센, 섀클턴 그리고 엄홍길, 허영호, 박영석, 오은선처럼 말이야.

꼭 과학자나 탐험가만 남극을 갈 수 있는 건 아냐. 나처럼 기자가 되어 취재를 할 수도 있고, 또 언젠가는 그냥 여행을 하듯 다녀올 수도 있겠지. 어쨌거나 남극에서 아저씨가 보고 듣고 느꼈던 걸 너희도 경험해 보기를 바랄게.

그러자면 지금부터 해야 할 일이 있어. 공부도 열심히 해야 하지만, 몸과 마음을 튼튼히 길러야 해. 남극처럼 혹독한 환경을 이겨내려면 튼튼한 몸과 굳건한 마음을 갖춰야 하거든. 세상에 아무리 어려운 일도 꾸준히 준비하고 노력하면 안 되는 일이 없어. 모두가 지금의 꿈을 잊지 않고 차근차근 준비해 가면 그 꿈을 이룰 수 있을 거라 믿어. 부족하지만, 아저씨가 남극 이야기를 쓰기로 마음먹은 까닭도 그 믿음 때문이야.

남극 관련 기구

남극해양연구원 부설 극지연구소 http://www.kopri.re.kr
눈사람클럽 http://cafe.naver.com/poletopole2
남극조약협의당사국회의 http://www.atcm2006.gov.uk
남극연구과학위원회 http://www.scar.org
남극해양생물자원보존위원회 http://www.ccamlr.org
남극자료관리공동위원회 http://www.jcadm.scar.org